この世とあの世

吾輩は「霊」である！

深見東州
Toshu Fukami

TTJ・たちばな出版

はじめに

吾輩《わがはい》は霊である。

戒名《かいみょう》はまだない。


吾輩は霊である。イヤ、あなたも霊である。

我々はもともと霊なのであって、肉体を持ち、現界に生まれている今の自分は、仮の姿なのだ。

それなのに、人間は、その仮の肉体や現実の目に映るものしか信じようとしない。そんな人たちがあまりに多過ぎると思う。まことにあわれとしか言いようがない。

そこで神霊の世界を主として生きている私は、社会の迷える皆様に、正しい神霊界の知識を知ってもらいたいと思い筆を執ることにした。

霊を本体とする人間が、いつの間にか霊を忘れてしまった現代故に、人々はさまざまな災難や、不幸や、病気にあう事になったのだといえる。

本来、霊を中心に生きていれば、それは神と共に生きることにつながっていく。そんな人は運がよく、事業は発展し、健康で、周りから愛されて、社会的にもなくてはならぬ人といわれる人になっていくものである。

神というのは天地自然のことであり、我こそは釈迦だの、イエスだのという一霊能者にかかるような低いレベルのものをいうのではない。大自然そのままのいぶきや姿をいっているのである。

今回は、さまざまな誤った霊界知識にまどわされる、現代人が陥りやすい重要な点にスポットを当て、正しい神霊界の実相を一冊の本である程度学べるように書いたものである。それも、誰でもわかりやすいようにあっさり書いてみた。言わば、「明るく、楽しく、霊界のことを学べる初級入門書」の味わいが出せれば、と思いつつ筆をすすめたものである。なるべく、易しい表現を心がけたので、初心者にもわかりやすく、また中・上級者にも学ぶところ大であるような、不思議な感覚の一冊に仕上がったことと自負している。

ただし、限りある紙面で膨大な神霊界の詳細を書き尽くすことは、神ならぬ身には難しい。そこで、書ききれぬ内容のあった部分には、随時参考文献や推薦図書の書名を記しておいたので、参照されたい。
本書を読むことで、あなたが正しい神霊知識を会得され、実践し、大いなる運命の福徳を得られることを祈る次第である。

深見　東州

本書は、平成八年二月一〇日に弊社より刊行された
『吾輩は霊である』を一部訂正し、改題したものです。

この世とあの世　――　もくじ

第3章　吾輩は救霊師《きゅうれいし》である

～知られざる救霊開運秘伝～

本文イラスト　アオシマチュウジ

第1章　吾輩の悪霊《あくりょう》追い払い秘伝

高級霊と低級霊の見分け方

こんな人が浮遊霊に憑《つ》かれやすい

霊界の研究をしたり、苦しんでいる人々を救おうと働いていると、霊に悩まされる人々からさまざまな質問をうける。おかしなことに、一番人気がある（?）ジャンルの一つが、憑依《ひょうい》霊や浮遊霊についての質問である。

実際、私が受ける質問には、次のようなものが最も多い。

「憑依霊、浮遊霊やその他の悪霊につかれないようにする方法をご教示ください」と。

実は、こんなことを考えるような人は、既に浮遊霊を2〜3体、くっつけてしまっているものだ。何故ならば、そんなことを思いついたり質問したりするくらい、その人はひまだからである。

浮遊霊とか憑依霊によくあう人というのは、暇《ひま》な人が多い。なぜかというと、暇な人は心が「無」である。実は、この無の状態というのが非常に怖いのである。

ヨガや禅では、無という状態を大事にして、「無の境地」などと気軽に言うが、無は本当に怖い。無の状態にはいい霊も来るけれど、悪いものも来るからだ。いい霊が来て悪い霊が一切来ないというのが理想だが、単に無心であるだけでは、なかなか達人が得る無の境地と同じようにはならないものなのだ。何も考えないというだけの無の状態は、悪霊も忍び込める無防備な状態で怖い、ということを忘れてはいけない。

一つの事に夢中になって、我を忘れる「無心」がよい

一つのことに集中し、それによって無になる方法として、真言密教では阿字観、天台宗では止観というものがある。また、経文の要諦を示す一部を唱えて没入するというのが、南無阿弥陀仏の親鸞上人らのやり方であり、南無妙法蓮華経をひたすら唱える日蓮上人の没入法であった。これらは、一つのことに集中し没入し、その間は他の事柄はまったく忘れてしまうのみならず、目前の集中している物事まで忘れる程（つまり我を忘れるという状態まで）必死になることによって、無の状態を創っていこうというもので

ある。

これに対して、中途半端に頭を使って禅をやる人は、無とは何だろうということを考えている。無、無、無。無はどうなんだろうか、何も考えなければいいんだろうか……。そして、物事に集中して無となるのではなく、無になろう無になろうとばかり連想する。だから、脳の中はほんとうに静止した無になっているのである。

ところが、そんな脳（意識）をストップした無の心境に入ると、いいもの（霊）も来るけれど、悪いもの（霊）も来る。このことを正しく知らない人が、やたらに瞑想したり、座って無念無想するというのは、大変危険なことなのである。

守護霊とか守護神様に近い霊覚を持った、かなり修業を積んだ人ならば、一時、無の境地に入るのも良いだろう。霊層が高いので高級神霊の守りも厚く、悪霊も恐がって寄ってこれないからだ。ところが、面白半分や興味本位で瞑想などをする場合には、ほとんど九分九厘まで悪いものが入ってくるのだ。都会や人ごみの中など、場所も選ばずに行えばなおのことである。

それは遊び半分にコックリさんをやったら、悪い動物霊を呼び寄せて取り憑《つ》かれてしまうのと同じ道理だ。

ヒマな人間ほど、浮遊霊につかれやすい

本当の瞑想や座禅が共通して目的とするのは、ただ無であるだけではない。人欲とか、気負いというものを無くした上で、至誠《しせい》や真心は輝かせている、愛に満ち満ちている。そういう境地が目的である。そしてそういう時にだけ、悪いものはよりつかず、正神界の神様や守護霊は来るのである。これが原則だ。

だから、もしも瞑想や座禅によって高級霊との交流をめざしたいのなら、単に無になるだけではダメである。無の自分に返ると同時に、至誠で魂を輝かさなければいけないのだ。

無にならないと、真心だ愛だといっても、そこにはまだ雑念が入っているし、本人のエゴや欲が入っている。だからいったん、無に返して、その後に至誠の一点に凝結しなければ、正しい神霊との感応はないというのが基本原理となる。

そういう魂の澄んだ輝きに自信のある人ならまだしも、やたら欲望や雑念が多いままで「無」（心を空《から》にする）を求めたりすると、手痛い目にあうということを、くれぐれもよく知っておいていただきたい。

浮遊霊は「霊界通」が大好き

ところで、浮遊霊とは無の空間が大好きな霊だ。

人が日常生活でも何も考えないで、ぼけーっとお墓などに行ったとすると、その心の状態はまさに無の空間となる。浮遊霊にとって、その無の空間は非常に入りやすく都合がいい。

それはちょうど、主人が留守で、玄関を開けっ放しにしたような状態であるからだ。

ところで面白いことに、悪人にはあまり浮遊霊は憑かない。というのは悪人は念力が強いからだ。

念力が強い、ということは、強くて恐い主人が家の玄関に仁王立ちしているようなものなので、とても恐くて入れないのである。

もともと浮遊霊というのは念が弱い。弱いからこそ生前自分の立志《りっし》とか、根性で困難を打破する、などという強い意志（念）がまったくなく、無気力にフラフラ生きた者たちなのである。それで死後もフラフラ……とさまよっているわけだ。だから浮遊霊は、悪人は大嫌い。大嫌いというよりも、ニガ手と言った方がいいだろう。気合いでいっぺんに吹き飛ばされてしまうのだ。

そんな浮遊霊にとって一番憑きやすい人材、つまり大好きな人間は、暇で、優しくて、思いやりがある人。

「ああ、かわいそうに、無縁仏《むえんぼとけ》さん、こんなところで大丈夫なの」

なんて心をかけてしまうような、人のいい人。

こういう人には、

「助けてほしい〜」

とばかり、浮遊霊はどんどん憑《つ》いてくる。

善人にも悪霊が憑いたりするのか。憑くのである。しかも、意志の弱い善人ほど、かえって霊にやられっ放しの人生をたどる。だから、ヘタに人がよく、霊界のことを半端に知って、何でも霊を救ってあげようなどと思わないことだ。

考えてみるといい。

ネコでもヘタに食べ物なんかやると、どこまでもニャアニャアいってついてくる。ネコならまだいいが、浮遊霊に愛情をかけるというのは、この世でいえば、ちょうど乞食や浮浪者などに愛情をかけて、食事などを一度与えるようなもの。「お、こいつはいいカモだ」と味をしめられ、付きまとわれるだけでなく、図々しくあなたの家に住みついてしまう、というぐらい迷惑なことなのだ。

逆に「霊界なんてあるもんか」と固く信じている人に、浮遊霊は憑かない。理由は、いくら憑いても絶対に救済してくれないし、絶対に供養してくれないだろうと思うから。同じ理由で、無神論者にもあまり憑かない。

霊界ものの雑誌をよく読んでいたり、霊界書を読んで、興味本位に霊というものがいるんだと知っている人は、霊から見たらすぐわかる。

「ああ、こんなところに来ると浮遊霊が憑《つ》くんじゃないかな、霊がいるんじゃないかな、だが来ても負けないぞ、浮遊霊なんかに絶対に憑《つ》かれるものか、あっ、やっぱり来てしまった、あっちへ行け、あっちへ行け、あっちへ行けーっ！」

などという人が結局憑《つ》かれてしまって、私どもの所に駆け込むことになったりするのだ。悪霊にやられるというのはこういうパターンが多い。

だからまず、霊がいるとか、来たとか来ないとか考えないように勧めている。それでも、「だって先生、霊が来ていますもの」、「だって、背中から、こういうふうに押されますもの」

というふうに、霊感体質の人ほど、言いわけをして、ますます霊の存在を肯定し、ますます霊が喜ぶような意識環境を作ってしまう。

つまり霊感体質の人というのは、自分で悪霊が憑きやすくしているのだ。悪霊コレクターのようなものである。

悪霊を追っぱらう特効薬は？

「ああ大変だ。また怨念霊《おんねん》にガンを飛ばされた。これで昨日から七回目、いや九回目だ！」などと霊のことで忙しい人は、どうしたら悪霊から逃れられるか？

答えれば、それには何でもいいから現実界のことに没頭し、自分を忙しくすることだ。

例えば、高校時代の先生に電話をして会うことにするのもいい。なるべく自分に厳しかった先生の方がなお良いだろう。

「どうも先生、ご無沙汰しております。○年前にお世話いただいた○○です。実はお久しぶりでお目にかかりたいのですが……」

「これは珍しいな。元気でやっているの。私の方は構わないけれど、どんな用事かな？」

まさか、怨念霊に毎日狙われてるとか、浮遊霊が、なんてみっともないから言えない。
大体、そんなことを言ったら「この馬鹿者！」とやられる。

いくら霊にやられて、たらたら汗を流していても、恐い先生に会うと思えば服装もきちんとしなければならないし、先生の子供に土産も揃えなければならない。

「会ったらどういうことを話そうか……」

と必死で考える。

社会常識から言って、誰でも緊迫する。そうすると憑いていた悪霊は逃げてしまう。
というのは、何か目前のことに緊迫して一生懸命の時は、守護霊が動くからなのだ。
何かに一生懸命に、有の状態であれば守護霊は動いて守ってくれるが、無の状態では、守護霊は決して動かない。無の状態で絶えず接触してくる守護霊（？）というのは、決して正ではない。守護霊をかたる邪霊がほぼ100％である。

高級霊と低級霊は、ここが違う！

なぜだろうか。

それは、高級霊と邪霊とでは、人に憑く目的、理由がまったく反対だからだ。

高級神霊は、人それぞれの本人の生まれてきた意義を知っている。すなわち、本人に対して「魂を向上させる」、「善徳《ぜんとく》を積ませる」という二つの局面において、魂の教育を第一に考えるので、あまり守護し過ぎないのである。それは常に、本人にさまざまな体験を積ませ、学ばせることによって成長させようとするからなのだ。

これに対して低級な霊は、憑いた相手の肉体を占領しようとするだけだ。そしてその肉体を通して霊が思うままに操って、憑いた肉体において下等な欲望を実現しようとするのである。

そう考えると、暇な人、とりわけ暇で「浮遊霊が来たらどうしよう……」と考えてばかりいる人には、高級霊と邪霊のどちらが近付いて来るか、すぐ分かるはずだ。そんな暇な者は霊が思うように操ろうとする。つまり悪霊が占領しに来る、というわけだ。

逆に、高級霊である守護霊たちは、決して浮遊霊にとって居心地のよさそうなぼんや

自分を緊迫した状態に追い込め！　それで邪霊は払える

りした人間のところには来ないのである。だから、本人の主体的人生もなしに、神だのみだけして棚ぼたを待っていても絶対だめ。そういう人には神霊は来ずに悪霊が来るということだ。

本当の高級神霊は、人が真心か愛の発動によって、何事かをやろう！　と決意し、一生懸命に行動した時に動いてくれる。またそういう状態の人は、祈らずとも守護霊がお守り下さっているから、邪気とか浮遊霊とか変な霊には絶対にやられないのだ。

霊界マニアの悲劇

ところで、私の霊界ものの著書を一生懸命勉強してくれたのはいいが、ちょっと方向を間違えて、そのためにかえってまずいことになっている人が時々いる。今回私が本書を書き始めたのは、そういう人に正しい提案をしようという意味もあった。

以前、拙著『神界からの神通力』（ＴＴＪ・たちばな出版刊）を発刊した後のことである。この本を読んだ人から問い合わせが実に多くきた。その中に、

「守護霊様、守護霊様、今ここに〇〇霊が憑いております。どうか守護霊様、こいつを

やっつけて下さいませ」

とお祈りする。けれども、さっぱりやっつけてもらえない。どうしてでしょう、というものがあった。

それは何故かというと、知識の弊害が出たのだ。せっせとお祈りするのはいいのだが、心の中では、「邪がいる、魔がいる、狐がいる……ブツブツ」とか分析している。

私は、あの本の中で動物霊や生霊などを大変詳しく分析しておいた。読者からすると、その分析が面白いらしい。自分で審神《さにわ》の訓練をしてみようとする人もいたようだ。そこで、人によっては、

「あれっ、これは、たたりの狐かな、それとも稲荷狐、いや、豊川かな……」

と、そればっかりやっている人もいるという。中には、

「先生、私は、きっと人霊天狗だと思うんですよ」

と、意気揚々としてやって来る人もいる。

まるで本人は新種のゴキブリかカブトムシでも発見したようで、私も、

「ああ、そうですね」

と言うしかなかった。

さすがに私も、これには反省した。詳しく分析しすぎた……と。

というのは、あまり知識があると、それからそれへと心が向かう。どうしても、自分が身に付けた霊的知識を試してみたくなり、今この場にも変な霊がいるはずだというふうに心が向くので、その霊界に心が感応してしまう。だから、払っても払っても悪霊が来るわけだ。そういう時には逆に、全く関係のない現実の物事や、目の前のことにパッと心を向けて、真心、愛、精進、努力などに真剣に集中して、忙しくしているべきなのだ。

そういう毎日にすれば、浮遊霊とか邪気はやって来ない。そして守護霊、守護神様、ご先祖様が応援して、バックアップして下さる。だから体力、気力、そして霊力もみな与えられ、運気を呼びこむことが出来るのだ。現実界で頑張る人ほど、霊界の応援が得られるというわけだ。

しかし、そう言われても私はナマケものでして……という人もいるだろう。そういう人はこうすればいい。名づけて、「霊界完全否定法」だ。つまり、霊界なんかあるもんか、現実しかない、ない、ない。この手、この足、このテーブル。あるものは現実に見えるものだけだ〜！　と自分に言い聞かせる。

そして実際歩いてみる。声を出して、

「右足、左足、右足、左足、……」

こうして自分の肉体や、物質に意識を戻すのだ。

このように霊界を100％否定すれば、霊はどこかへ行ってしまうのである。認めれば認める程、意識をすればする程、霊や霊界の存在は確固たるものとなり、その影響も大きくなる、ということを申し上げておこう。

ところで私は、ベストセラーとなった『強運』（ＴＴＪ・たちばな出版刊）で、金縛りをはずすパワーコールを紹介した。

だが、これも使い方を間違えないでほしい。つまり、日頃一心不乱に奮闘しているような人には、浮遊霊とか地縛霊はめったに憑かないのだ。金縛りにあいやすい人は、体質もあるだろうが、毎日の生活ぶりを省みてほしい。パワーコールの助けで一時は邪霊がはずれても、一生懸命何かに打ち込む輝きが生活の中になければ、霊はまたすぐにやって来るのだ。

あまり金縛りのことなど考えないで、仕事や学業に努力していれば、パワーコールがなくても霊の方から来なくなる。あくまでこれが本筋である。そういう生活を送っていれば、浮遊霊も怖くないし、悪霊が憑くこともない。暇な人に憑くという原則は例外がないのだ。

こういう質問を書く人で忙しくしている人は、ほとんどいないはずだ。

子供が熱で苦しむ時に、親が浮遊霊を気にかけるか？

こういうケースを考えるとわかりやすい。

あなたが家庭の主婦、一児の母で、五歳ぐらいの子供がいるとしよう。あなたの目の前で、子供が病気で発熱して死ぬかどうかという時に、どんなに自分の肩や背中に霊の重さを感じても、子供そっちのけで

「たたりの霊が、浮遊霊が、地縛霊がどうした……」

なんて騒ぎはしないだろう。いや、そもそも霊のことなど全く忘れているはずだ。

自分の子供が死ぬか生きるかという時には、ふだんは

「先生、こんな霊が憑いてきまして、おまえは死ぬぞ、なんて言うんですよね」

と言っているような人でも、そんなことは言わないだろう。必死になって子供の心配

をしているはずである。

たたりの霊が憑いているかどうか、そんなことはどうでもいい。それよりも、子供の命の方を大事に思うからだ。絶えずこのぐらい、何かに必死になっている状態にしていれば問題はない。邪霊などというものは決して恐れないほうがいいのだ。

邪霊は無視して追っぱらえ！

会社では一時有名になった、窓際族というのがある。こういう人を扱う時にはどうするか、これが邪霊とのつき合い方のヒントになる。上司が、

「大体、君の勤務態度は何だ」と怒れば、

「いや、そういうあなただって大した仕事はしていない。それにこんな劣悪な環境でできるもんか。これだけのボーナスしか出さないくせに」

「そういう君の態度だって悪いじゃないか」

「イヤ、そういうあなたの態度がもっと悪いじゃないか」

「バカモノ、頼むからもっと仕事をしろ！」

というふうに、仕事の出来ない困った社員に対して絶えず怒っていると、その社員も抵抗する。邪霊も同じだ。

「君、改心しなさい。狐、あっちへ行け、あっちへ行け……」

「そういうおまえの方こそ、早く改心（？）して不運になれ……」

と栖付いてくる。

だから会社で、窓際社員や問題社員が栖付いてきた場合、

「君、日当たりのいいところへ行こうね。その仕事は私がやるから、心配せずに日にあたるといい。日光は体にいいからね」

という形で、やりすごす方がいい。

あとはこちらは、黙って仕事をしているのだ。

「あの、ちょっと」

と言われても、

「今、忙しいものですから」、「せっかく太陽が照っていますから、気にしないで日にあたってよ。北欧ではなかなか太陽もないそうですよ。どうぞどうぞ」

こんな調子ですますのだ。

「あのう……」

と話しかけて来てもみんな忙しくしている。実際、窓際で日当たりはいいけれども、することがない。相手にしてもらえないので自分で辞めていく。これが窓際族や問題社員への対処法だ。

邪霊も同じで、相手にしなかったらがっかりする。

「あの……」、「今、忙しいものですから」

と、あとは一切無視する。どんな声を出そうと、金縛りをかけてこようとだ。中には強烈なおどろおどろしい姿で出て来るものもいるが、そういう時は、

「はあ、歌舞伎役者みたいですね」

と、狐とか、たたりの霊に言ってやろう。

そうすると、驚かそうとしてもちっとも驚かないものだから、がっかりして帰っていく。

とにかく、無視されるということが、人間社会でも一番辛いものだ。だから仕事を与えないで無視することによって、出ていかせる。これがベストの方法。相手になってもらえる間は、まだ生きがいがあるので、その人はいられる。それを存在無視で追い出す、

という最高の秘策なのだ。これを霊界に応用しない手はない。

変な霊がやって来たという場合には、霊媒体質の人は、絶えず忙しくして、真心を持って目前の事柄を真剣にやる。そして、霊に対して全然無視する。そうすると来なくなる。霊の方が、

「この人にはいくらやっても、面白くない……」

とあきらめる。

操ることができないので、もうあっちへ行こうと、隣の霊媒体質の人のほうへ行く。

まあ、霊の回し合いということだ。

そのように、霊が見えたり聞こえたりする人は、あんまり認識し過ぎないのが良い。

邪霊をいちいち気にしたり、悩んだりするのは、かえってつけ上がらせることになる。

冷たくつき放して、無視してしまうことが、邪霊にとってても薬になるのだ。

浮遊霊を追っ払うには、無視してやるのがいい

願いごとの種類別『御祈願法』伝授

神仏に助けてもらうお願い法

こういう質問もあるので、考えてみよう。

「守護霊様、観音様、産土神《うぶすな》などにお祈りするときは、全部一緒にしてもいいのでしょうか。それとも、別々にしたほうがいいのですか」

観音様だ、お地蔵様だ、守護霊だ、守護神だ、産土様だといろいろお祈りしていくと、かなり時間がかかるものだ。だから、これはポイントの置きどころ、役割をよく考えてお祈りすることが大切だ。

祈り方の原則——神仏は次元別に祈れ!

まず原則だが、高次元の大きな神様は大きく活躍される。反対に、現実界に近い神様は、現実界に近い働きで、細かいこと、日常生活に即応した形で動かれるということを、知らなくてはならない。

確かに、日常のこまごましたことを、大きな（最高級の）神様である天照大御神《あまてらすおおみかみ》様にお祈りしても、すぐに目に見えるようなおかげはほとんどない。しかし、だからと言って「天照大御神様よりも稲荷のほうがよっぽどおかげがある」という人がいたら、その見方は正しくない。

それは、その人の祈り方が間違っているだけなのである。

日本の国の、言わば神界の総理大臣役である天照大御神様が、そんな個人のどうでもいいような悩みや相談事にまで、いちいち手を貸したりはなさらない。当然のことである。無論、真に至誠の極まった人の祈りであれば、個人の願いでも、天照大御神様が動かれることはある。しかしその場合でも、お働きのレベルが大きいので、すぐには結果があらわれない。6カ月経ち、1年経ってみると、人生の方向性が大きく転換していた……といった具合に、大開運へと導いて下さるのである。トコトン大きな神様なのだ。

一方、稲荷ギツネなどの低級霊は、地面をはいつくばったように生きているので、地上の（現世の）様子が手に取るようにわかる、だから働きも細かく現世的で一見すぐに願いが叶ってありがたいようにように見える。

もちろん、所詮は動物霊なので、後で不幸に陥れることをするのだが……。

それでは天照大御神様には、どのように祈れば功徳《くどく》をいただけるのか。それにはまず、なぜ日本の神々が「八百萬《やおよろず》の神々」と言われるのかを知らなければならない。どの神様も同じ役割とお働きしかないならば、何も八百萬もの神様がおられるはずがない。八百萬もの神様がおられるのは、みな個性が違い、得意分野が違い、お役割が違うからなのだ。その、それぞれのお役割と得意分野を考えたお参りのしかた、会得のしかたをすれば、テキメンの功徳がある。いわば、ツボにはまったお願いのしかたがやはりあるのだ。

例えば、宇宙創造の大きな神様に「明日のデートの段取りを……」とか、「子供のおねしょを何とか……」などとお願いしてもだめだ。私も若い頃、宇宙創造の⊙神《すしん》に会社の資金繰りなどをお願いして、何度かガッカリさせられたことがある。神様とは、次元が高ければいいというものではないのだ。例えば、

「やけどを何とか治してください。万物の創造主である⊙の神様！」

とか、

「今月のウチの会社の資金繰りを助け給え！」

なんて祈ってもダメ。

そうした願いには、やけど専門の神様とか入金専門の神様とかいうように担当があって、窓口が違っているのだ。このような、専門の神々様を「働きの神」という。

そして、働きの神々がいるということは、絶対神《ぜったいしん》にさえ祈れば何でも叶えて下さるわけではないということを示唆しているのだ。

絶対神（宇宙創造神）は、それぞれの働きの神々に具体的な活動を全部委《ゆだ》ねている。大企業の社長が、現場レベルの仕事まではやらないのと同じだ。権限と決定権を持っているけれど、社長はその担当の窓口の人にやはり仕事を委ねる。全部を掌握していても、具体的には窓口の人が動く。これは最高神の働きと、その下で動かれる他の神々との関係でもいえることだ。

これがわかると、天照大御神様（伊勢神宮の神様）や、あなたの近くの神社の神様である産土《うぶすな》の神様への祈り方もわかってくるだろう。天照大御神様は、日本神界という企業の社長であらせられる。故に、そのお立場とお役割に見合った願いごと、すなわち人生の進路を決定するような大事な願いを抱えている時こそ、伊勢に参じて熱誠祈願を行うべきなのだ。無論、そうでない時や、日頃の無事を感謝したい時に参るのも、一向に差し支えない。現実界で、社長と顔見知りであれば取引がスムーズに行くように、神霊界でも伊勢の神様のバックアップをいただいていると、産土神様にも活発に動いていただける。

といってあなたが産土神様に全くご挨拶を欠いていたとしたら、産土神様も働きようがないのだから、是非とも産土の神様には頻繁に足を運ぼう。産土神様はあなたの生まれた地域を担当している、いわばテリトリーの神様。だから、その地域で生まれた人、あるいは暮す人々の、出産、結婚、死亡、霊界案内など、人生の諸事全般を担当し、導いてくださる神様なのである。

だから当然、あなたのそのような事柄に対しての祈りには、産土神様が特に抜群の力を貸して下さる。もちろん、あなたの身柄保証人役の産土様だから、何をお祈りしても、正しき願いなら守護したり、応援して下さるのはもちろんだが。

一方、守護霊様は、たとえて言えば、個人的な悟りとか、一身上のことに関係される。何でも細かいことをして下さる窓口だ。守護霊と守護神は一緒にお願いしてもいいだろう。何でも日頃から感謝したり、相談したりと、意識で話しかける習慣があると、その守護は何倍にもなるのである。

ところで、毎日どのように祈ったら良いのか、という質問をよくいただく。私は、少なくとも一日一回、例えば朝起きた時に、太陽にパチパチと柏手を打って、「十言《とこと》の咒《かじり》」を行うことをお勧めする。十言の咒とは、「アマテラスオオミカミ」という言葉を、はじめにゆっくり、だんだん速く繰り返して言い、十一回目（ラスト）はゆっくりあげて終わる、というお祈り法だ。言霊《ことだま》の力により、太陽の神徳《しんとく》とエネルギーが体内に満ち満ちる。そうイメージしてお祈りしていただきたい。簡単だが、この十言の咒は絶大な神《しん》力《りき》を秘めており、その奥には深い神霊的解義があるのだが、紙面の関係上、詳細は省かせていただく。

またあるいは、産土様に天津祝詞《あまつのりと》をあげてお祈りするのも良い。この祝詞《のりと》のあげ方、それから産土様の役割と、天照大御神様とのお役割の違いは、拙著『大金運』（ＴＴＪ・たちばな出版刊）という本に詳しく書いているので、そちらで勉強されるとよい。実践できるように詳しく説明してある。

霊能者の中には、大したことでもないのに、神仏への祈り方などを大げさに「秘法を教えてあげる」とかいう者もいるけれど、この程度は大したことではない。秘法のうちにも入らない。基本なので是非読んでマスターし、行ってもらいたい。

ところで産土神様へのお願いは、朝起きたときがベストである。一日のスタートにお祈りすればそれで結構。産土様には何事もごちゃごちゃと詳しくお願いする必要はない。

やはり日常の小さなことは、守護神、守護霊様がいい。この神様方は、あなたと一緒であり、肌について守っておられるから、絶えず頼もしい相談相手が側にいるというふうに考えていただきたい。そのように意識すればするほど、思いの架け橋ができて、守護のパワーが強くなるからである。

ところで神様へのお願いが通るか否かは、エモーションをいかに乗せるかということがポイントになる。神霊の感応のパワーを増大させる一つのコツは、表現方法に工夫をすることとなのだ。例えば願いごとを申し上げる時も、「お願いします」とざっくばらんに言うのも良いが、

「かけまくもかしこき、これの神床《かむどこ》に鎮《しず》まります何々の大神様、きょうのよき日のたる日によき人を選び定めて云々……」

というふうに、正式な祝詞の言葉がスラスラと出てきた方がなお良い。

祝詞《のりと》というのは、乗《の》る言葉。祈りとは、自分の気持ち（意）を神様のお心（意）に乗せる――合わせる――ということだ。これがいのりということで、つまり自分の

「意――心」を神様の「意――心」に乗せるということなのだ。

「お願いします」と言うよりも、今言ったような文学的表現の言葉を出していると、自らも荘厳な気分になって、神霊に感応しやすくなる。祝詞にはこのような効果があるので是非覚えて、あげてほしい。先に紹介した天津祝詞ならば、短い言葉なのですぐに覚えられるだろう。

では祝詞はただあげるだけでいいかと言えば、そういうものではない。神様の気持ちや感覚に、自分の心が一致するんだ、一つになって行くんだ……という気持ちで祝詞をあげるのでなくてはならない。祝詞とは儀式のためにあるのではなく、神様の意に自分の意を乗せ、神様と同じき心になっていくためにあるのだ。

ところで特に観音様にお祈りする場合は、七日間とか十四日間、あるいは二十一日間、あるいは三十日間と、期日を決めて祈るとよい。

気分が乗りやすいように、そういう荘厳な気持ちになりやすいように、現実界に密着した一つ一つの事柄をこと細かに具体的に申し上げ、霊界に密着した形で情感たっぷりにふりしぼってお願いするのだ。すると低い霊界にいるご先祖とか浮遊霊が来ている時でも、自然に観音様の神力で、邪霊は祓われていくのである。

先祖供養に位牌《いはい》のコレクションとは？

世の中には、ご先祖様の供養をしたいという人が実にたくさんいるものだ。その心がけは結構なのだが、中には、

「先生、私の家系は古いんですよ」

と自慢する人がいる。

見ると、元禄何年、慶長何年、中には
「南北朝時代から位牌《いはい》があるんです、何百と。先生、これは純金でしてね」

などと、誇らしげに見せたりするわけだ。もっと他のものをコレクションしたらどうかと思う。


大体人が死ぬと、三十年もすれば霊は霊界に帰ってしまうものだ。それなのに、いつまでも位牌など現実界に置いていると、霊界に帰っても霊は位牌に縛りつけられていることになる。だから、位牌を幾つも置いているような家は、子孫が喘息《ぜんそく》とか、いつまでも夜尿症とか、あまりいいことが起きない。子孫に救ってもらいたい先祖霊が、次から次へと子孫に憑こうとするからだ。

大きな願いは大きな神に、小さな願いは小さな神に

だから位牌は三十三年を過ぎたら、お寺や神社でお焚《た》き上げをしたほうがいいのだ。ただし、これは一般的なケースであり、位牌や仏壇についてはさらに詳しく説明する必要がある。より詳しくは第四章に記したので、そちらを参照されたい。

先祖供養は、先祖の業が重い人だけすればいい

ところで、先祖の供養をしたいという人に申し上げるが、先祖供養というのは、先祖の業が非常に重い、そういう方だけでいい。

先祖の業が重いかどうかどうしてわかるんですか？　というご質問もあろう。答えれば、自分や家族の運命や家運が普通より悪い、と思われる場合である。例えば家族に重病人があるとか、事故で死んだ人がいるとか、長男や夫が酒乱でメチャクチャとかいうケース。

巷の霊能者に除霊を頼む人もいる。だが、先祖霊は何千人、何万人もいるので、ヘタに先祖供養でもしようものなら、おとなしく地獄にいた（？）ような先祖まで次々出てきて、供養する子孫に「助けてくれ～！」とくっついてしまうのである。

そんな低い霊界の先祖に憑かれた人は、体調が悪くなり、不幸が次々に起こるようになる。恩をアダで返されたようなもの。まさに、「さわらぬ先祖供養にたたりなし」「さわらぬ霊にたたりなし」であり、「さわらぬ先祖供養にたたりなし」というわけだ。こういうことがあるから、除霊を頼む場合には、相手がどの程度の霊力の持ち主なのか、真剣に検討してから依頼しないと、かえって運勢を下げてしまうので、注意が必要だ。ちなみに私のやる救霊の場合には、神様から許された霊だけを救い、あとは霊界のフタを閉じてしまうことにしている。除霊を受ける人にとっても、地獄で修業をしている先祖にとっても、その方が幸せである。

ところで、先祖供養をする人に申し上げておくが、いっぺんで全部の先祖が救われる、などと思ってはいけない。何万人からいる先祖の中には、ひときわ業の深い先祖霊が何人もいるのが普通である。だから、少しずつでも良くしていただけるようにと発願《ほつがん》をし、観音様に祈る。特に因縁が悪いと自覚している人は、二十一日間とか二十八日間とか、それ七の倍数で自分なりに日にちを決めて「先祖を救済して下さい」と発願をすれば、それなりの効果がある。

祈る分数は、毎日七分とか、二十一分とか、これまた七に関係する数でいいだろう。

ただし、それには時間と労力が必要となる。そんな手間をかけていられないとか、もっと確実な霊の救済で開運したいという方には、たたり霊・先祖霊をはじめ多くの霊を一斉に救済する、私どものところで行なっている『救霊《きゅうれい》』を一度お受けになることをお勧めする。先祖供養をする人の一千日分以上の救済が、一回（約二時間）で済むからである。信じられない人もあろうが、実際そうなのであって、これは体験していただく以外にない。体験者はほぼ100％何かを感じているし、どこかの宗教のように「一体何十万円」ものお金がかかるわけでもないのでご安心あれ。

救霊に関しては、あまりに問い合わせが多いため、第3章に別に章を設けたので、読んでみられるとよい。

ところで、何かお行（先祖供養など）がしたい、お行を毎日しないと寂しいという人は、一番いい形のお行をしたらいい。特に観音様がいい。一番弊害がないし、発願をして（願を発して）毎日祈れば、因縁が最小限でとどまり、運勢がよくなる。そういう継続して祈るお行をやってみようかと心の動いた方のみなされればいい。

これはいわば、特効薬というべきものだ。体力が低下していたり、更年期に入ったりした場合、ビタミンEを飲んで元気が回復するとか、あるいはカルシウムと併用してC

も飲まなきゃとか、そういうお薬にお行は似ている。健康でピチピチして元気な人は、無理に飲むことはない。

なんとかの行とか、因縁切りの発願《ほつがん》というのは、そういうよほどひどい因縁にやられている人だけがすべきことなのだ。日常それほど不自由なく生きている人なら、産土様、守護霊様に、朝一番にお願いするだけで十分だ。もちろん、一度は「救霊」をお受けになることはお勧めするが。

※ここでは発願を因縁切りなどのケースとして出したが、よきことの願（志を立てるなど）を叶えようとしてする発願なら、大いに結構。どんどんやって下さい。

観音様の真の姿は⊙《す》の神様だ

ところで、なにかしら重大な問題があるという人は、特に観音様に発願することをお勧めする。

観音様は、実は宇宙創造の⊙《す》神（宇宙創造の⊙《す》の神様）の化身なのである。

なるほど密教では、大日如来《だいにちにょらい》が胎蔵界《たいぞうかい》・金剛界《こんごうかい》を統率する主神とされている。いわば、会社でいう代表取締役は大日如来であり、観音様はそのそばにおわすに過ぎないとされる。あるいはまた、西方阿弥陀浄土の場合も、勢至菩薩《せいしぼさつ》と観音様が脇侍にいらっしゃって、阿弥陀如来《あみだにょらい》が主である。これらの詳細と理由については、拙著『大天運』（TTJ・たちばな出版刊）に書いてあるが、ここでもう一度整理してみよう。

まず、大日如来様も阿弥陀如来様も、その世界、その霊界における代表取締役的存在であることは間違いない。そして、本当は⦿神《す》である観音様の立場は、いわば創業者の会長さんが会社のそばでお掃除をしている、というようなものだ。例えば、

「おじさん、受付はどこですか」

「ああ、あのあたりに受付があるんじゃなかろうかな」

と。そこで会社に来て、

「あの、前のお掃除のおじさんに聞いて来たんですけど、ここが受付ですか」

「あの方は会長さんですよ」

「エ〜！……」

という、ありそうな、なさそうな、話のパターンだ。

創業者の会長は代表取締役社長を息子さんに譲ったが、会社のことを心配して、入口でそういうふうにお掃除をしながら、お客の応対をどうしているのか見ている。それで、息子の社長を後で呼んで、

「おまえな、おトイレはもっときれいにしないとイカンぞ。会社というものは、そういうところで見られるんだからな」

と説教する。こういう立場におられるのが観音様だ。

水戸ご老公が諸国漫遊に行くのも同じだ。なぜ『水戸黄門』や『暴れん坊将軍』に人気があるかと言えば、例えば将軍様であり、あるいは副将軍である人が身を変えて、末端の庶民のところまで来て、悩みや苦しみをじかに解決してくださる、というところに感動するわけだ。

また、『遠山の金さん』も、お奉行が、普段は「てやんでえ！」なんて言いながら、女の子にめっぽう甘い、遊び人の金さんを演じている。それでいて肝心なところでは、最高裁判所長官として現われてズバッと悪を裁く。そこに見る人はみな胸のすくような思いを味わい、末端の人情の機微をくんだお裁きに感動するのである。

観音様と水戸黄門、人気の秘密はひとつ

こうした人気時代劇のあり方は、まさに観音様の姿そのものだ。日本の仏様の中でも、観音様が一番人気があるのはなぜか。三十三相に化身されるから、という理屈で好きになるわけではあるまい。昔から、何だか観音様が好きだという人が多いが、実は、観音様が⊙《す》の神様だということを、皆が魂の奥底で知っているからだと私は思う。

⊙《す》の神様だからこそ、どんな姿にも化身できるし、最高に偉い方だからこそ、へりくだることができる。代表取締役を天照大御神様にお譲りになり、あるいは大日如来にお譲りになって、自分はその下に下《くだ》って人々を救済しているという、神霊界の水戸黄門そのものだ。

西方浄土では阿弥陀如来様が代表取締役だが、本当は観音様が一番偉い。偉いがゆえに、へりくだることができる。ここを読み取らないと、観音様の本質がわからないわけである。

阿弥陀如来よりも、大日如来よりも、みんな観音様が好きだというのは私たちの魂の奥で、あれが⊙《す》の神様のお姿だということがわかっているからに他ならない。代表権は

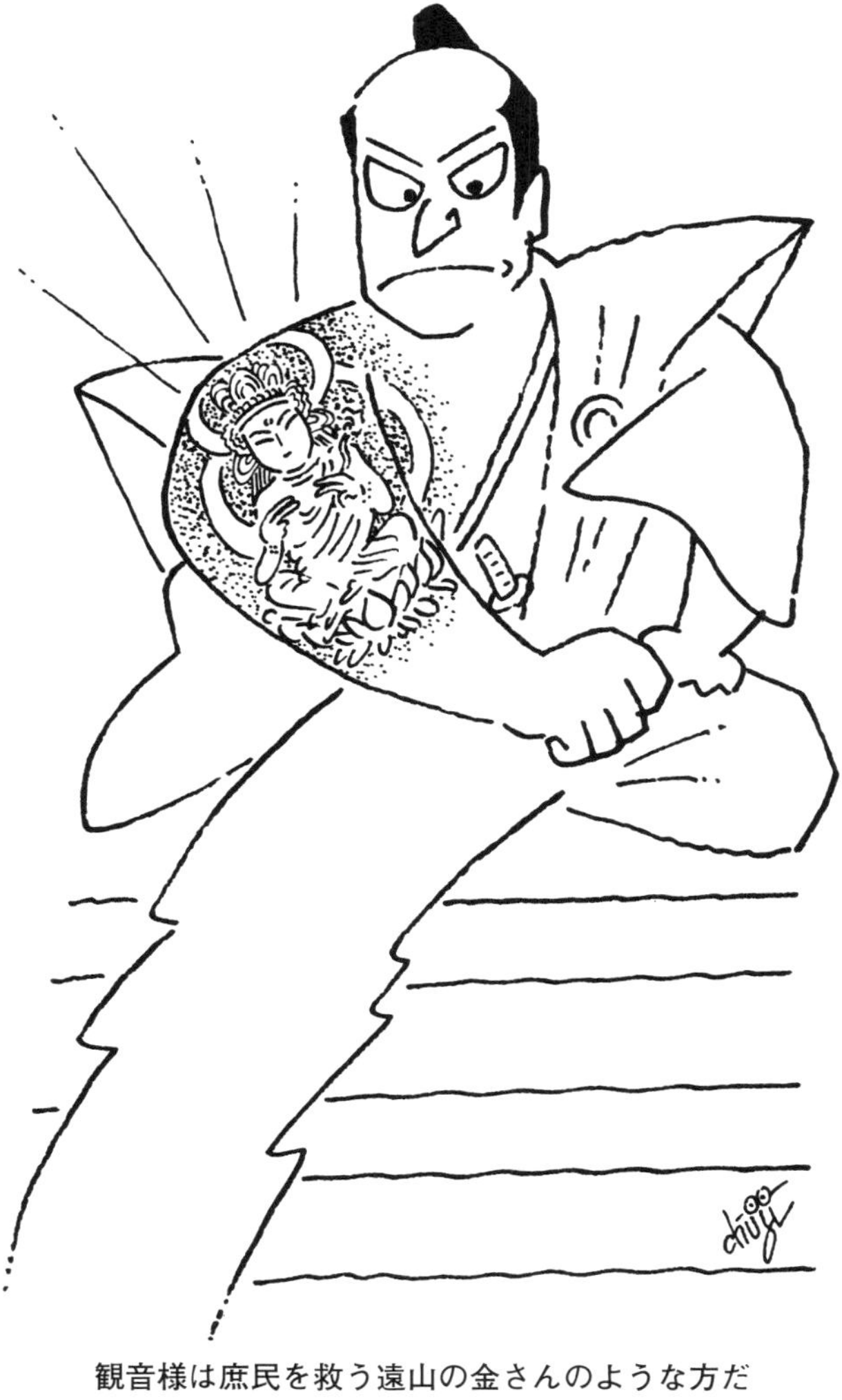

観音様は庶民を救う遠山の金さんのような方だ

譲っていて、ご隠居できるお立場にもかかわらず、一番下にまで……。⊙《す》の神は私たち人間を、一番愛する者として創造なさった。かわいい神の子、神の宮と思し召して、どうしているだろうかと心配のあまり、巷に降りて、人々の具体的な悩み事に答えてくださっているのだ。一番偉いがゆえに、一番下まで下がって生きることができる。

浅草の観音様にしても、神々しく高い山の上にはいない。ああいう繁華なところにあって、庶民の一番下のところに救いの手を差し伸べておられるお姿がよくわかる。最高の神だからこそ、へりくだることができるという素晴らしさを、我々は知らなければならない。

時代劇の研究と観音様のお姿と、どこで結びつくのかわからないが、神霊世界の一つの実相は、こんなところにも現われる。私たちもそのお姿、生きざまを見習って、そこから勉強すべき要素を見出すべきであろう。

神様の役回りの違いを知って祈ろう

ここまでをまとめれば、観音様は⊙《す》の神様だということだが、神霊世界の直接の窓口は守護神、守護霊だ。さらに毎日、産土様にお願いすると、生活、家庭全部を守って下さるパワーがいただける。

問題点があるときは、それらの神様に具体的に霊的な悩み事をお願いするとよい。そして、因縁が重いと自覚する人は観音様にお願いするといい。こういうふうに、神霊界の神々へのお祈り（お願い）を使い分けるのが大切なのである。

それぞれの神仏には違った役割があるので、私たちもうまく使い分けをして、日常生活のバランスをとればいい。これは神道の精神をベースに置いた、自由自在で、一番便利というと失礼だが、ただいまの幸福に最も密着した、とらわれのない、有効なお願いのしかたといえるのではないかと思う。

神々様のお名前をたくさん知っているからといって、飼っている猫が逃げたから探してください、とか、虫歯が痛いのを何とかしてくださいとか、八百萬の神々様ひとりひとりにお願いしても、何百倍も御利益があるというわけではない。神様それぞれの役回りを知って、それぞれの守備範囲に従ってお祈りするのが効果抜群であり、礼儀にも則っているというものだ。

交番のお巡りさんは、財布を落としたとか空巣に入られたという時は、親身になって相談に乗ってくれる。電気を使いすぎてヒューズが切れたからなんとかしてくれ、と言ったらお巡りさんは困ってあきれるか怒るだろう。

それと同じことで、あまりトンチンカンなお願いをされたら、神様もあきれて（?）、叶う願いも叶わないこともあるということだ。

とりあえずは、身のまわりのことにおける、産土様、守護神、守護霊、観音様、この神仏のお役割を正しく知って、お願いしていただきたい。

守護霊は守護霊を紹介し、神様は神様を紹介される

それではここで、目に見えない神霊世界では、神仏が実際どのように働かれているのかを紹介しよう。

皆さんが少々努力すれば出来ることではなく、相当努力せねば叶わぬ目標に発願して向かうとしよう。

例えば、「司法試験に合格するぞ！」と決心したとする。その決心に、守護霊は大喜びされるだろう。守護霊は人が魂が向上することで情熱を燃やしている（御魂《みたま》が発動し

ている）時に、喜んで応援をしてくれるのだ。

ところで、あまり知られていないことだが、守護霊にも得手不得手がある。

「よし！　それならば応援してやろう。でもワシは政治や法律はニガ手なんじゃ……、商《あきな》いなら得意なんじゃが……」

という場合に守護霊はどうするか。先祖の守護霊団の中から、生前、村長だったり、法律学者だったような、法律が得意な守護霊や指導霊を捜し出し、

「なんとかこの子を司法試験に受かるようにしてやっておくんなまし」

とか言って応援を頼むのである。

そうすると、途端に守護霊パワーの後押し（追い風を受けるような感じ）が起こり、勉強に没頭でき、無意識に試験に出そうな勉強をさせてくれたり、勉強せざるをえないような環境をつくってくれる。とまあ、そのように専門の守護霊の紹介がある。

これは、神々同士でも同様である。私が神社などに行ってお願いごとをすると、「その願いなら、熊野の神の所へいくがよい」とか、「その願いならば、箱根の神の所へ行きなさい」などと直接教えて下さる。

やはり神々同士も分担制をとって、紹介システムを行なっておられるのである。こう

した、どの神様がどんな願いに抜群のお力を発揮されるかについては、いくら書いても書き足りないし頁も足りない。『神社で奇跡の開運』『全国の開運神社案内』（ともにたちばな出版刊）という本に詳しく著したので、そちらを参照されたい。恐らく、祈願の正しい行いかたの秘伝続出に、目からウロコがポロポロ落ちる思いがすることと思う。

前世のたたり霊が、今世たたっているというのはウソだ

しばらく悪霊を追っぱらう話から脱線して、「神仏への願いごとのしかた」について述べたので、少し話を戻そう。

ここで、たたり霊について少しふれておこうと思う。たたり霊とは何か。例えばAさんがBさんに、強烈にひどいことをしたとしよう。毒を盛るとか、失脚させるとか、Bさんが女性なら騙したあげく売ってしまうとか……。Bさんは死んだ後々まで、この時の怨みを強く持ち続ける。そして、Aさんの家の子々孫々に至るまで、「あの時の私の痛みを思い知れ！」とばかりにたたり続けるのだ。これがたたり霊というものである。

こう言っては何だが、どこの家にも一人二人は憑いている。特に古い家や、庄屋や金

願いごとは、神仏の次元と種類別に行なうことが大切

貸しだった家、殿様の家系などで、不幸が続く家などは要注意である。

ところで、「たたり霊は、なぜ子孫にたたるのですか。ひどいことをした本人には、死後も霊界まで追いかけていってたたらないのですか」

という質問について考えてみよう。

実はたたり霊は、恨む相手に直接たたることもあるのだ。たとえば恨む側の霊が、「こんちくしょう、あの野郎」と思って死に、たたり霊とか怨念霊になる。そして、恨まれた方がこの世にいる場合には、もちろん直接たたる。また両者ともに死んでいても、同じレベルの低い霊層にいる場合、霊と霊とは凄まじい戦いをする。とは言っても、およそ汚らしい戦いっぷりだから、あまり想像しない方が良い。

また、怨んでいた者と怨まれている者の両方が死んで、両者とも土地因縁の地縛霊や浮遊霊になった場合にも、「こんちくしょう」とばかりに霊と霊が闘っているのだ。

ところが、恨まれている方の霊が、地縛霊、浮遊霊、屋敷因縁霊などになっていない場合（霊界へ行ってしまっている場合）、どうなるだろうか。その場合、恨まれている者は、本人の内面性や霊層に合った霊界にそのまま行くことになる。恨んでいる者が、念力だけで憎い相手の所まで行けるんだったら、「ソレッ！」と思って追うのだが、例えば「こんちくしょう」という一念で天国にまで追っかけていけるのか、というと、そうはいかない。地獄の世界へなら追って行けるかも知れないが、天国に行ったり上の霊界には行けない。

まとめると、死んでから霊界のはっきり違うところ（霊層）に行ってしまうと、海外に行ってしまって音信不通というのと同じく、全くコンタクトが取れないのでスッカリあきらめるしかなくなる。だから、その子孫にたたるしかないのだ。

よく、「あなたは前世にこういう悪いことをして、その時苦しめた霊が今世たたっている」などという霊能者がいるが、そういうことはほとんどない。私が見る限り、九分九厘までない。たたりというのはほとんどが、家代々を怨んでいる霊か、先祖の霊か、土地因縁の霊だ。前世から今世までその人自身を恨み続けている霊など、現実にはない。

恨まれた本人が霊界に行っている期間は、たたり霊は前述のように、追いかけていけないのだから、たまたまその家に生まれた子孫にたたるのだ。もっとも、その怨まれている本人が、生まれ変わってくる場合がある。そんな時、家をずっと恨み続けてきた霊で、

「あっ、わしが、前世、二百数十年前に恨み続けておったやつが生まれてきやがった

な」と霊的にある程度わかる者なら、再び怨む場合もあるが、そういうことは一万件に一つあるかないかで、ほとんどないと考えていい。

前世を恨んでいた霊が今世も恨んでいるとか、よく霊能者の手記で書いているが、霊界の法則から考えてあり得ないことなので心配はいらない。

以上で浮遊霊や憑依霊への対処法、たたり霊の実相などについてある程度ご理解いただけたことと思う。その他の霊の除き方や、正しい先祖供養などについては、3章、4章で詳述することとしよう。

第2章　吾輩は霊能者である

～正しい霊能力の獲得法～

神人《しんじん》と凡人《ぼんじん》はここが違う!

高級な人格に高級霊が合一する

私の行うご神業《しんぎょう》のひとつとして、書を書く、という神業がある。自慢するつもりはないが、これはなかなか大変な作業である。

たとえば、「不二」という字を書く。これは数年前にカレンダーに使ったから、見てくださった読者もあると思う。

あの「不二」という会心の一字が完成するまでに、実に四百枚も五百枚も書きつぶしをした。そのうちに、基本がピチッと頭に入り、手に入り、体が覚えたことを感じ出す。それでも、一緒におられる書の先生が「よし」と言うまで、これならよろしいという作品が出るまで、何時間でも書き続ける。

いつもおおよそ二十時間、早い時でも休みなしで十五時間は書き続ける。休憩なしでずっと書き続けていると、最後には朦朧《もうろう》となってくる。四百枚も、五百枚も、これでどうだ、ということを繰り返す。その間、手を抜いたものは一枚も書かない。それでは自分の修業にならないし、進歩が止まってしまうからだ。私は滝に打たれたりする修業はしないが、ここまで来ると書も難行苦行の域と言えるかも知れない。

これでどうだ、これでどうだ……。飽くことなく繰り返すうちに、ついには意識も朦朧としてくる。そして、それでも繰り返すうち、ある時突然、全ての神経がプチーンと切れるような感覚に陥る。これをプッチーニの境地と言うかどうかは知らないが、この時初めて自分ではない何かがフワッとおかかりになる。これが神がかりだ。何の努力も精進もないところに高級霊の神がかりはない。

高級霊能者と低級霊能者――ショパンの霊？　それがどうした！

分野によっては、私にも初めから神がかられることもある。しかし書の場合は、最初から神様がお力添え下さっては、この世的な私自身の書道の実力が上がらないから、神様はそうはなさらない。

しかし、これは大変に辛いことである。とりわけ、忙しい時や、なかなか神がかりがない時にはこれほど辛いことはない。しかし、第一章でも触れた通り、高級霊ほど人の御魂の成長を第一義にお考え下さるものである。自らの実力も向上させつつ、高級神霊との交流も行われる、一石二鳥の『神示《しんじ》の創作』でなければ、それは単なる霊媒による自動書記の域を出ない。

『神示の創作』とは、神が人の体を使ってストレートに作品を創るのではなく、神がかり状態に、自分のオリジナリティーが加味されて創り出される、神と人との共同作業、共同作品ということだ。それでこそ、神と人との他力《たりき》と自力《じりき》が片寄らず一つに組み合わされた、正しき神人合一なのだ。

こんな話がある。音楽のオの字も知らず、音符もまったく読めず、ピアノを弾いたこともない一人の女性にショパンの霊がかかって、見事にショパンのピアノ曲を弾きこなし、ショパンの生前未完成の曲を完成させたという。しかし、私にいわせれば、「それがどうした」ということになる。

その霊媒体質の女性は、ただ単にショパンの霊とやらに100%使われただけの人生で終わってしまうからだ。その女性は、そのピアノ弾きの霊が来ない時は無能な人間である。

なによりも、人として、せっかく授かったこの貴重な人生を、他の霊に貸してしまったのだから、実にもったいないことだといえる。

一個人として、今世、自分の魂や芸術性の向上や、世の中への貢献がどれだけ出来たかというのが、人間がこの世に生まれてきた第一の目的ではないか。それを考えると、霊に使われただけで満足してしまっているというのは、実に愚かな生き方だと言わざるをえないのである。

もう一度言うが、霊媒というのは、その人間に霊が操って言わせている（やらせている）だけであり、神人合一《しんじんごういつ》にはほど遠い。人間が神のごとくになり、神が人間のごとくに出ているというのが神人合一である。そこには神と人との区別はもはやなくなる。

霊媒が神人合一ではない理由は簡単だ。神人合一の場合、神霊と自分が一体になりつつも、最終的には、神の応援を得た自分がする。それが霊に使われている霊媒と、神人合一の決定的な差である。

だから、現実において出来る限りの努力を続け、あるレベル以上まで越えないと、神様も神がからないで待っておられる。いつも神がかっているということは、神の目から見て「よし」というまでのこの世的な努力をいつも行っている人である。この状態において、正《まさ》しくいつも神がかっている。これが高級な神がかりであり、真の神人合一である。低級な神がかりは、霊のほうからやって来て、ああだこうだとすぐに何でも教えたがる。霊が主導権を持っていて、人を使っているだけだ。

高級霊は人間の魂の育成と自由なる意志を尊重しているので、その人間がぎりぎりまで努力した後でないと絶対にお出ましにならない。いつでもホイホイと出現し、手とり足とり教えすぎることは、その人の魂の育成にならないし、正神界《せいしんかい》の法則にも反するからである。

だから「吾輩はショパンの霊だ」とか、「ワシは釈迦だ、イエスだ」と自ら名のり出て、ベラベラとしゃべるような霊はろくな霊ではない。高級霊は無闇に名のることはされないし、自分と同レベルまで才能や知識を必死に磨き上げて来た人間にしか決してかかって（合一して）はいけないという霊界法則を、厳しく守っておられるものである。

努力し、十分練ったものでなくては答えない

私も神霊界のあり方に学び、お弟子がいろいろ私の意見を聞きに来ても、「どうしま

自分の努力の限界を越えた所に、高級な神がかりがある

しょうか？」という漠然とした質問にはいっさい答えないことにしている。一方、自分たちで十分考えて、やるだけやって練り出した案を、「これでどうでしょうか!?」と持って来た場合は、即座に右か左かの意見を出すのである。

これも高級霊が私たちに指導されるやり方と同じであり、努力もしない者に最初から答を教えて怠け者にしたくないという教育からである。

もちろん何も努力していない者には、神仏も私に口を閉ざして何も教えてはくださらないので、私自身にいい発想が出てこない、ということでもある。

神仏がこうされるのも、やはり人としての進歩を願ってのことである。それは書に限ったことではない。絵画でも、短歌でも、仕事に関しても同じだ。何事においても、習作の労を惜しむ人間には、高級霊が神がかって神人合一の創作を行なうことは決してできない。

巷の霊能者の中には、「世のため人のためになればと思い、霊能力を磨きました」と喧伝する人物が少なくない。だが、その人物の顔をじっと見てみるとよい。霊能力や超能力を得たいという背景に、もしも「先がわかれば便利だ、人の心がわかれば便利だ」という無精な動物心が見え隠れしていたならば、まるで狸《たぬき》の如きお顔をなさっているだろう。

人としての努力の輝き、魂が発動した輝きがあれば、高級霊は喜んで降臨され、叡智も神力も惜しみなく与えて下さるはずである。しかし楽をしたい、無精をしたいという動物心には、その心通りの動物霊が憑くばかり。だから狸っぽい顔なのである。

習作惜《お》しむなかれ

習作を繰り返して大作ができ上がる。

私が書く書の作品一つにしてみても、何百枚も書きつぶした中の、いい作品を一つだけ書の先生に選んでいただいたものだ。幾つもの中から選んだものを、さらにもう一回推敲《すいこう》し、それからまた推敲し、そして書く。印刷に出して返ってきても、さらにもう一回推敲することすらある。労を惜しむ心根は、神心から離れることに他ならないと、自ら戒めているのだ。

短歌を作る場合も同じだ。

言っている意味は同じでも、調べや言霊の響きの妙にこそ、神なるものの息吹が宿るのである。しかし、あまり言霊の響きに凝りすぎて、意味が伝わりにくくなってもいけない。そのように、俳句でも短歌でも、推敲の労を惜しまない。

音楽でも日本画でも、油絵でも、そして編み物でも同じである。最後の最後まで精魂こめて煮詰め、やり抜くことを嫌う無精な精神では、神なるものは絶対に動かない。だから、短歌でも絵でも色紙一枚の書でも、秀れた作品ができるまで何度でも何度でも習作を繰り返さなければならない。習作が秀作を呼ぶのだ。そうして、初めて大作ができ上がるものなのだ。

『習作の労を惜しむなかれ』という短い言葉の中には、それだけの神なる教えが入っている。一厘のエッセンスであるが故に、何にでも自在に応用可能な神言なのである。

プロポーズでも、何回か習作の労で失敗して初めて、一番すばらしく感動的なプロポーズの方法を会得し、いつか「これは」という人と結婚できるものだ。プロポーズといえど、やはり練習が要る。その練習ができていない人は、ここ一番でチャンスを逃してしまうことにもなる。

私の弟子で、練習で女性にプロポーズをする、という部分だけ聞きかじって実行し、周囲からひんしゅくをかった者があるが、そのあたりは読者の皆さん、自分で責任はとってほしい。

ともあれ、プロポーズにまであてはまる真理である。かのピカソも、描いて描いて描きまくった。その圧倒的な量の中から、人々の心に永遠に残るような珠玉の名作が生まれたのだ。ピカソほどの天才でさえ、あの名作群の蔭には、その何倍もの描き損ねと習作の労があったのである。素人ほど、そこを見誤って最初からいい作品を描こうとして気負い、結局一枚も描けぬまま挫折したりする。最初からいい作品を仕上げたいなどと気負えば、描く絵の絶対量が少なくなるのは当たり前である。ピカソに限らず、大画家、大作曲家というのは圧倒的な量の習作を行う。その為の労力と時間、これを惜しむ人は、大作は永遠に仕上がらないのだ。私の場合、二晩や三晩で一枚の絵を仕上げるから、短期間で仕上げているように見えるかも知れないが、短期間のうちに膨大な数の練習をしている。最小限の知恵は神様からいただいているが、絵を描くことの労を惜しまない。書でも絵でも短歌でも音楽でも、何度も何度も練習して、書きつぶし、やりつぶしということを、人の何倍もの量でこなしている。

私が開発した一つ一つの祈祷会《きとうえ》（現在、三百種類以上ある）も、神法悟得会《ごとくえ》（神人合一の法伝授の会）の神法でも、何の苦労もなくすらすらできたものはない。幾つも幾つも試行錯誤を経て、しかる後に初めて、これは間違いない、というものだけを祈祷会や、悟得会として皆さんに発表しているのだ。

私の作曲の中では、伊勢の楽曲が一番よくできたと言われるが、それまでには、やはり、「剣の舞」、「炎の舞」、「白山」、それから「鹿島」、「箱根」、「伊勢」と、幾つも幾つも習作を重ねてきた。これを称して、「どんどんやればやるほどに、だんだんよくなる法華の太鼓」方式という。

習作を繰り返して初めて大作は仕上がる。

習作の労を惜しむなかれ。

高級な神霊は高級な人格に合体してくるが、その高級な人格とは、より低いレベルから、より日常的な努力のたゆまぬ繰り返しによって次第に作られるのである。

高い理論体系を得るには、作者の生きざまを知れ

正しい神がかりのことについて、もう少し詳しく述べてみよう。

歴史上の非常に高い人格の霊と合体・合一することは、自分を高める上で最良のやり

努力しない者には、神仏は決して助けを差しのべない！

方のひとつだ。神人合一ならぬ霊人合一というべきか。

たとえばトマス・アクィナス。この人は中世ヨーロッパにおいて、『神学大全』を著し、キリスト教精神の体系を基礎づけた偉人中の偉人である。この、トマス・アクィナスの境地境涯に近づくには、どうすればよいと思うだろうか。

『神学大全』を読めば良い、と考えた方がいると思う。きっとあなたは、『神学大全』を読めば、彼の理論体系を頭で理解できることだろう。しかし、トマス・アクィナスがどういう日々を送ったかまではわからない。『神学大全』は、トマス・アクィナスが生涯かけてキリスト教一筋に打ち込み、没入し、その末に体系づけた、いわば理論的模範解答の塊のような本である。しかし、答えが書いてある本を読めば自分も同じ答えを出せるわけではない。答え（体系）だけを知りたければ、『キリスト教概論』を見れば足りることだ。

トマス・アクィナスの言わんとすること、その体系の奥にある境地境涯を知ろうと思ったら、その人の生きざまをつかむことが大切なのである。

元々、バイブルや『論語』などは言行録であって、体系づけてまとめられたものではない。また、お釈迦様の場合も、言行の全てがキチッと法則性を持って体系づけられているというわけではない。しかし、だからと言って「釈迦の教えもバイブルも、体系だっていないから尊くない」と言う人はいない。かえって、古来名著と呼ばれるものは、全く体系的でないものの方が多い。なぜか。

それは、仏典やバイブルの中味が、全て高い境地境涯からほとばしり出た言葉だからだ。

お釈迦様の言葉も、ほとばしり出た言葉である。そして、そのほとばしり出た言葉を勉強して、ほとばしり出る前のお釈迦様の境地を推し量り、味わい、感じることが重要なのだ。

孔子の『論語』も、愛弟子たちとの対話の中からほとばしり出た言葉そのものだから、一→二→三と、理論的に書いてはいない。コーランもそうだ。コーランはご神示そのものので、ガブリエル天使からほとばしり出たものである。ほとばしり出た言葉とは、すなわち言霊であり、命が宿っている。そのほとばしり出たものを勉強しながら、ほとばしり出た息吹を吸収して、ほとばしり出る前のものを体得する。これが御魂《みたま》の恩頼《ふゆ》を得る読書術である。無論そのためには、『神学大全』などの体系を重視して理論づけられた本よりも、その人の生き様自体がほとばしり出ているような、御魂をゆり動かす感動がある本を選ぶのがよいだろう。

やはり何百年、何千年も人々の批判の目を乗り越えてきた名著というのは、それはすばらしい輝きがあるものである。生きざまがすばらしかった人の著書には、命が宿っているのだ。

近世の日本人では、大塩中斎（平八郎）の『洗心洞箚記《せんしんどうさっき》』が、陽明学ではすばらしい。佐藤一斎の『言志四録』もいいが、少し理屈が勝ち過ぎているきらいがあるようだ。やはり大塩中斎は、生きざまがすばらしかっただけに、思いの丈を記した著書も光っている。これが西郷隆盛となると、思想はすばらしいのだが、どうも少々血なまぐさい匂いがぬぐい切れない。日本の陽明学では、大塩中斎の『洗心洞箚記』が抜群に素晴らしいので、ぜひお読みいただきたい。

さらに時代を遡り、日蓮上人の御遺文だったら、やはり『開目鈔《かいもくしょう》』だろう。

日蓮上人の代表的著作には『開目鈔』と『本尊鈔』があるが、とりわけ『開目鈔』は現代語訳でもいいから読んでほしいものだ。日蓮上人の気迫と情熱が一文一句からほとばしり出てくるのを感じるだろう。それは、命懸けで法を求め、あらゆる弾圧にも屈することなく仏法を広め続けた日蓮上人の生きざまそのものであるのだ。

こうした名著を一心に読んでいる時は、実は書物に宿る著者の霊と感応している時なのだ。だからよき知恵が次々と浮かんでくる。生きざまがすばらしかった人の、ほとばしり出た言霊を集めた本は、名著であると同時に、次元の違う本だとさえいえる。こうした本を一冊でも多く読み、魂の畑をせっせと耕し続けることを、読者の皆さんに「神霊界に感応する読書法」としてお勧めしたい。

天と日常から学べ

「次元の違う本を読め。むだな駄本は不要なり」

実はこの言葉は、私が何か気になった本を読んでいた際に、

「おまえ、そんな本を読んでいたら、時間が無駄だ」

と神様から言われたことなのだ。

「次元の違う本を読め。むだな駄本は不要なり。天と日常から学べ」

と。

逆説的に聞こえるかも知れないが、本を読んで得た叡智とは、本から学んだものでは

ないのである。良著に宿る息吹を受けさせていただくつもりで本に向かう。するとその息吹に触れることで、「あっ、そうか」とばかりに、天来の叡智がハッと降り来たるのである。これが天から学ぶ読書法である。

それに対し、日常から学ぶことというのは、本や活字ではないところの、体験や実践から編み出したノウハウであり、ポイントであり、コツである。これらは生活の中に散在する、生ける叡智そのものである。

一厘が大切、ということを、講義等で私はよく話してきた。

一厘とは何かというと、法則、原理原則のこと。体系とか論理ではないのだ。体系、論理というのは人間が頭でつくったものだが、一厘はそうはいかない。

たとえば「コーヒーは、ブルーマウンテンが八でモカマタリが二の割合が一番うまい」というようなポイントが一厘である。私は神霊研究家であるが、またコーヒー研究家でもある。その私があらゆるコーヒーを試してみた結果、ブルーマウンテン八、モカマタリ二で、ミネラルウォーターを使って、炭火焼きにしたものが最もおいしいというのが、私が得た結論である。これは体系ではない。私の体験からにじみ出た、コーヒーをおいしくいただくためのオリジナルなコツである。

こういうコツやノウハウは、万事日常から学ぶことだ。いかに本を読み、机上で勉強を重ねても、まず実際に作らずして最高の妙味は得られない。禅の極意、茶道の極意、およそ道の真髄は皆同じである。日常の中で体験し、実践して、天と日常からあますところなく学ぶのだ。そういう日々を送り続ける人が、偉才、聖人、道はじめの人となる。創業した人、ものをつくった人というのは、皆自然に、そういう学びと研鑽をしている。

まずは人類の叡智を結集したものを勉強する（良著の息吹に触れる）。そして、さらに超えた叡智を天から受ける。その上に、自分が日常から得た工夫をつけ加える。それがオリジナルなものをつくる法則である。

少なくとも、「最もおいしいコーヒーの入れ方は……」と、本で仕入れた知識を得意気に語るレベルの人は、絶対にオリジナルにはなれないだろう。まずは実践あるのみである。

聖人《せいじん》・賢人《けんじん》・凡人《ぼんじん》の違い

「人知を集むるなかれ」が聖人の境地である。

偉才、聖人、道はじめの人というのは、皆「人知を集むるなかれ」と言っている。人の頭で考えたものをいろいろ勉強し、頭にいっぱい入れている。その知識で山ほど本を書き、話をする。そんな人知の組み合わせだけの人は、二級賢者でしかないということだ。無論、人知も集めることができない人は、三級賢者か四級賢者ということになる。

ともあれ、人知を集めただけのレベルでは、賢いことは賢いが二級賢者である。一級賢者、すなわち本当に賢い賢者は、知識でことをなすのではない。

「聖は天を希《こいねが》い、賢は聖を希《こいねが》い、士は賢を希《こいねが》う」

という言葉が『近思録《きんしろく》』にある。

聖者というものは天を慕い願う。天というものになりたい。天はいかに思っているのか、いつも慕い願っている。そういう人が聖者である。

次の賢者というものは、孔子のような、すばらしい聖者を仰ぎ、ああなりたいものよと思う。志は尊いが、しかし人を目標にして頑張っているのが賢者だ。

その下の士とは、武士や、教養ある階級の人間のことである。その者たちは賢者を見習って、ああいう賢い人間になりたいと思って勉強しているものだ。

「聖は天を希《こいねが》い、賢は聖を希《こいねが》い、士は賢を希《こいねが》う」

この言葉はそれぞれの霊層の違いをも表わしている。次元が徐々に、一級、二級、三級、四級と、落ちてくるのがわかる。一級の人物は聖人。天を慕い願うというのは、日々天と日常から学んでいることを示しているのだ。

あなたは今、聖人は天を慕い願うものだと知った。「聖人」というと大仰だが、何も難しいことはない。天を慕い願い続ければ、あなたも聖人になれる。大切なのは、この行ないと学びを誠を尽くして続けることである。一つの誠を貫くということは、不退転の精神状態を持つということであり、人に不動の精神状態を培う。そして、不動の精神で天と日常から謙虚に学び続けることで、真実の知ということが、やがて体得できる。

頭ではなく、天と日常から学び続けるという自分の精進を、貫き通して誠を尽くせということなのだ。そうした足跡があってこそ、真実の知を解することができる。真実の知というものを解することができたら、天来の神なるものを受けることができるのだ。

やや難しい話になったが、これが神人合一の叡智を授かる法なのである。

凡人の陥る落し穴　九カ条

「気水《きすい》の枯れ」は、こうして起こる

では、神人合一を目指す上でマイナスとなる、人が陥りやすい意欲減退の理由を、私が神様に直接伺ったご神示でここに紹介してみよう。

自分を高めるにせよ、人々を救うにせよ、気力が低下してやる気が起きない時がある。いわゆるスランプだ。これを、古く中国の聖人は「気水の枯れ」による、とした。そういう時には、どうしたら良いか。

まずは、気水の枯れの原因を検討してみよう。大きく分けて九つある。

聖人は天意と一体となって生きようとする

気水の枯れベスト九

気水の枯れは、雑妄《ざつもう》の念、これ一位、
不休《ふきゅう》の体耗《たいもう》、これ二位、
駄弁の浪費、これ三位、
性交過剰、これ四位、
食欲乱過《らんか》、これ五位、
気熱《きねつ》消耗《しょうもう》、これ六位、
知解低下《ちかいていか》、これ七位、
意念《いねん》衰耗《すいもう》、これ八位、
業《ぎょう》行《ぎょう》衰微《すいび》、これ九位なり

とある。

人生が何か虚しく感じる。誰にも覚えのあることと思うが、なぜそう思うかというと、気の水気、すなわち気水が枯れていることによる。

「気水」とは人間の気力そのもののことである。人は気力が尽きて疲れると、横になってよく休もうとする。これは、まさに気水を補給する方法の一つなのだ。特に、夜の十一時ぐらいから一時ぐらいは子《ね》の刻であり、水気の発動する時間帯となる。それゆえ、十一時から一時の間によく寝た人は、水気が補給できて、朝、元気になるのである。逆に二日三日と徹夜を重ねると、気水が枯れてきて、お肌もパサパサになる。

ところで私が神業《しんぎょう》の際に、夜遅くまでよく起き続けている理由は、子の刻には、みずみずしく満ちあふれる水気の媒介によって、神様からいろいろな叡智が降りてくるからである。子の刻は最も元気を回復できる時間であり、また神様との交流が行いやすいご神業タイムでもあるのだ。

こう書くと、「子の刻に起き続けて神様と交流していると、そのうち元気が枯れてゲッソリやつれてしまうのでは……」と心配される向きがあるかも知れない。しかし、これはむしろ逆である。私などがご神業で徹夜する場合には、神気を受けて、神気の気水を補給しているから、寝なくてもみずみずしい顔をしていられるのである。話が少しそれたが、では一般に、気水の枯れとはどこから起きるのかを詳述したい。

その一　雑念妄想が疲れの第一原因

人が気力を失い、疲れてしまう第一原因は、雑念妄想を描くことにある。何かを行なう前から心配し考え疲れてしまう人がいるが、これなど、雑念妄想の典型例といえる。ああだろうか、こうだろうか。私はいつになったら結婚できるんだろうか。んー三十五歳で高齢出産のリミットだから、その十カ月前には仕込みがなきゃいけない。仕込みがあるから三十四歳には……。その前には交際が、最低半年はなくちゃ。三十三の真ん中というと、あと○年……。これはやばいわ、焦らなきゃだめだ……。

とまあ、ちょっと悪ノリしたが、実際こんなふうに思い煩う人は多い。こうしてクヨクヨ悩みを抱えるうちに、気水はどんどん枯れ続け、お肌もパサパサになっていく。そしてさらに婚期を遠ざけるという、笑えない事態にもなりかねない。一体どうすればよいのか。

何も悩まず、三十五歳を過ぎたら帝王切開したらいいのだ。四十を過ぎても、十字に切ったら子供は産める。事故にでも遭って開腹手術することを思えば、帝王切開の一つや二つ、どうってことないわよ……と、覚悟だけは決めておく。そんな女性には悠然とした余裕が現われ、男性の方からつられてくるものである。

それなのに、「ああ、ダメだわもう私……」と、伏目がちで暗く沈んだ女性には、男の方も、声さえかける気が起こらない。そして本人の心配通り、そのまま独身街道を走り続けることになる。

まだ起こりもしないことを、ああだろうか、こうだろうか、と思い煩えば人はくたびれるものだ。一番気水が枯れるのは、この「取り越し苦労」の雑念妄想なのである。気水を保つには、これをまず自戒することである。

もう一つ、取り越し苦労と同じぐらいのマイナスが「持ち越し苦労」というものだ。もう済んでしまった事への後悔や心配。これなども、神経をムダ使いする代表的なものだ。

雑妄の「妄」とは亡き女と書くが、死んだ女性のことをいつまでも思い続けるような気持ちかも知れない。文学の世界ならば美しいが、現実には神様は、死んだ者よりも生きている私達をこそ最も大切に思っていらっしゃるのだ。死んだものや過ぎたもの、あるいは先のことにとらわれて、気水を枯らし、今すべきことが出来なかったら何にもならないのである。気を変えて、気水を保つべく、「取り越し苦労」も「持ち越し苦労」

も断ち切るべきである。

その二　体と気の使い過ぎが消耗の因

次に、不休の体耗。

先に書いたように、主に子の刻に体を横たえることで、人は水気を吸収し、疲れを癒す。体まず眠らず、ずっとやり続ければ誰でもくたびれる。当たり前のようだが、しかしこの「不休の体耗」はあくまでも、気水の枯れの第二原因である。体がくたびれるよりも、気のくたびれ、雑念によるくたびれの方が先なのだ。俗に「病は気から」と言うが、まさに真理をついている。気の消耗が先にあって、体の消耗を招くのである。

その三　駄弁は気力を枯らす

第三は駄弁の浪費である。

べらべらペチャクチャ、四六時中しゃべり続けたら、それはもうくたびれる。しかし、それでは私の講演はどうだろうか。セミナーでも神法悟得会でも、二時間三時間は当たり前、の世界である。時には九時間、十時間も講義を続けることすらある。

なぜ果てしなく話せるのか。一つには言霊の神様が合一しておられるからである。もう一つは、父祖伝来、ご先祖にこういうふうな人が多いからである。しかし冗談でなく、これには秘密がある。

私はステージに出て行く前は、一時間も二時間も一言も話さない。黙って座ったままじっと瞑黙している。そのうちカッと目を見開き、やおら立ち上がったかと思うと、トイレである。しかしトイレに入っても、そのままじっと祈りを続けて、何時間も出てこないこともあるのだ。お付きの者も、慣れてはいるけれど、時折、私が入ったはずのトイレから物音一つしない時には、「先生は死んでいるのでは……」と思ってしまうというほどである。

これは、出番の前に気を溜めて凝結させるために、誰とも一言も話さないのだ。話をすると気水が枯れていく。だから、エネルギーを凝結させるために、祈祷会などここ一番の前には、だれとも会わず、だれとも話をせずに静かに集中している。そしてひとたび神がかれば、奔流のように言霊が流れ出てくる。

このように、ここ一番大事な時、集中しなければならない時には、あまり話してはいけない。

受験生も休憩時間にぺらぺらと、「あの問題、できた」なんてしゃべっていると、その子は、次の時間の試験になって初めの十分くらい集中できない。話すことによって、気水が枯れてしまうからだ。休憩時間は黙って何かを読んでいると、開始の鐘がカーンと鳴った途端にグッと集中できる。

だから受験生は、勉強の合間や休憩時間に話さないで黙っていることだ。それが気水を保ち集中する、三番目のコツである。

その四　セックスのやり過ぎはへバる元

性交過剰、これが気水を枯らす第四の原因だという。もっとも、中にはこれが第一の人もいるかもしれないが……。

「精《せい》・気《き》・神《しん》」の三つを後天《こうてん》の三宝《さんぽう》と呼ぶ。精力が凝結して、そこに気水をもたらし、その「気」に神が宿る。だから、あまり若くして結婚して、あまり性交が度重なると、

しゃべり過ぎる人間は、気力が衰退する

精が凝結しないから気が凝結しない。だから、神が宿らない。何か締まりなくポーッとしてしまう人も多い。若くして結婚すると、十人中九人までが伸び悩むという。原因はさまざまだろうが、この「精」が凝結しないことと、決して無関係ではあるまい。

ある程度、性的にハングリーな状態を持続しておかないと、そこに気が凝結せず、神が宿らない。このことを肝に銘じ、精・気・神という後天の三宝、後天的にいただいた三つの宝物を、大切にすべきである。

ところで、気水がすり減っていくと、人は老化していく。例えば雑妄の心で悩みすぎて、途端に老けこんだりする人がいる。若くして白髪が出てきたり、しわが増えたりもする。逆に、気水が枯れるようなことをあまりしない人は、年をとっても若々しい感じでいられるわけである。

だから、男性にとって(女性も同じだが)、節欲は気水を枯らすことなく、若々しいエネルギーを凝結させていくコツの一つなのだ。

その五　寝だめ食いだめで気水の枯れにチャレンジ！

次は食欲乱過。あんまりドカ食いすると良くないということだ。ところで、かく言う私も時には大食いをする。

いっぺんに四食五食分、まとめて食べる。そのかわり、私には一つのテーマがあるのだ。

「寝だめ、食べだめはできないわ」

と、私の師匠・植松愛子先生（上品な婦人である）がおっしゃるので、それに挑戦しようということで食べ続けの修業を行なっているのである（あまり大したテーマではないが）。

三日は寝ないで、その後二十時間寝たままであるとか、二日間何も食べないで飲み水だけで過ごし、そして三日目に、抜いた六食分を大食いする。胃腸にとってはまさに難行苦行であろう。

この辛く苦しい修業の結果、私は寝だめと食いだめを体得した。しかし、一体何かの役に立つのだろうか。自分でも首をかしげていたが、実は一つ役に立ったことがあった。

食事のリズムにこだわらなくなり、空腹も平気で耐えられるようになったため、一度に十数時間以上も一事に集中することが可能になったのである。例えば著作の原稿書きや祈祷会で、先に述べたように気を溜めて集中している時は、食事も取りたくない程集中している。そして終わった後は、

「ああ、ほっとした。ちょっと待てよ。三日間、ろくなもの食べていないな」

と、我に返って、四食分、五食分をいっぺんに食べるのだ。しかし決して食べ過ぎない。なぜなら、

「もういいか」

と聞くと、お腹が、

「もう十分だ……」

と言うからだ。

これは神通力《じんつうりき》の中の体神通というもので、胃の意識と会話をする神通力である。それはともかく、この特技のおかげで最近は、私もお腹が少し出てきてしまった。

しかし、一生涯とか一カ月のトータルからすれば、これで普通である。ちゃんとバランスをとっている。しかし、読者に勧めようとは思っていない。

その六　気負い過ぎると必ず疲れる

六位の気熱消耗。気熱とは簡単に言えば、「やるぞ！」という、やる気のことだ。「やるぞ」と思うと気がグーッと増す。しかしあんまりやる気を持ち続けていると、反動が来る。「やるぞ」という気を負ってしまうから気負いになる。何だか分からないがグッタリとくたびれてしまう。それは「やるぞ、やるぞ」という、自らの思いで、何もやっていないのにくたびれてしまうのだ。

そもそも人間は、半分、守護霊にもたれかかりながら生きるのがいい。

神様や守護霊様に寄りかかりながら歩いたほうが、神仏から見れば可愛いくて愛される。神仏に、いつも半分寄りかかるぐらいで、「この人、私たちがいなければどうなるんだろう」と、神仏をハラハラドキドキさせる人は、結局沢山の守護と功徳がいただける。一人で堂々と

「私は一人で生きるのよ」

などとうそぶく人には、神仏も

「それなら一人でどうぞ」

ということになる。これでは、物事は成就しない。

一生懸命うち込むことと、一人で何でもやれるように思うこととは別物であると知らなくてはならない。それよりも、どこかか弱く、どこか心配なところを残している方が、守護霊様も愛して下さるのだ。

「不撓不屈の精神で頑張っていて、絶対安全だ、あの人は」

という人は、かえって可哀想である。一人で出来るだろうと皆が思うから、だれも守ってくれない。

私の場合も、修業であまり頑張りすぎたためか、「先生はほとんど不死身だから」などと言われる。それがときどき病気をすると、

「あっ、先生も、やっぱり……」

とみんな驚いてくれる。この分では、もしも病院に入ったときには、皆相当驚いてお見舞いに来てくれるかなと楽しみにしている。だから最近は、ほんの少し具合いが悪くても、お弟子の前ではなるべく大げさに言うことにした。

「足がイタイ～ッ！」

とか、大して痛くなくても騒ぐと、

「大丈夫ですか、大丈夫ですか」

とお弟子に心配される。何か、にこっと、うれしい。

こうやって行くのが、お弟子に大事にされるコツだということを、私もだんだん学んできたわけである。だから当然、守護霊もそうだろうと思うわけだ。

話は戻るが、このように、何でも自分一人でやろうと思えば『気熱消耗』する。「昧《まい》然《ぜん》として進まば先《せん》の陽《よう》を損なう恐れあり」という言葉があるが、昧然とは、目が見えなくなってしまうことだ。曖昧の「昧」である。「やるぞ！」という気負いが過ぎて、そのうち前も足元も見えなくなってしまう。その反動で、虚無感が起きることが、「先の陽を損う」ことである。

よく、七月、八月に勉強した受験生が、九月にしばらく虚脱状態になる。商売で言えば、夏の商戦の後、九月に売り上げが落ちる。年末商戦の後、一月二月は売り上げが落ちる。

連休の後も同じである。一旦過熱した後、気熱消耗状態に陥り、マーケットが冷えてしまうのだ。ゴルフ場でも九月が一番すいているといわれる。気熱がぐっと高まった後には、必ず消耗が来るのである。

しかし、消耗し続けるわけではない。しばらくすればまた気熱が吸収され、枯れてきたものが充満してくる。だから焦らないで、頑張り過ぎたなという虚無感があったら、しばらくしてまた回復するようにセルフコントロールすればいいのだ。そして、最終的に長続きしていればいい。

書道でも、茶道でも、何でも一道を成就した人は、皆そう心掛けている。

そういう気熱の満ち干きの波を乗り越え、三年、五年、十年と続けて、皆、最終的に一道を成就しているのだ。いかに一時《いっとき》集中して燃えたとしても、消耗した時に、もう嫌だとか面倒臭いとか湧き出ずる虚無感に負けて、志半ばにして道を失ったら何にもならない。やる気を出したり、またやる気がなくなったりということを繰り返しても良い。そういうものを越えた目、自分を冷静に客観的に見ている目を持ち、セルフコントロールをうまく行なうことで、やがて必ず道を成就できる。

神様事も同じだ。続けなければ意味がないのだから。

守護霊に寄りかかりながら生きよう。疲れず運がいい

その七　ボケるくらいなら何でも頭を使え

第七の知解低下というのは、頭がどんどんボケていくことである。

頭が悪い人間は気水も枯れている。要するに、知恵をもっと使ったほうがいい。神様事をする人の中には、「観念をつけない方がいいから」と、世に出ている学術書や経済の本、学問の本を全く読まない人がいる。しかし、それで頭を鈍くしたら意味がない。

例えば、観念はなく柔軟ないい頭脳を持っているがボケているのと、観念ガチガチで元気というのだったら、観念ガチガチで元気の方がずっといい。

「あっ、名前、何でしたっけね。あっ、山田さんか。そういえば、そうだったかな、グワーッ……（居眠り）」

「大丈夫なんですか」

「うん、大丈夫……、テレビ見てたから……」

「一日何時間寝ているんですか」

「えーっと、たぶん十時間ぐらいかな……気水は十分に補給してるから……」

この場合、補給する以上に漏れているのである。

本も読めなくなったら、気水が枯れ切っていると思って良い。知性が働いていて、ずっと頭を使っている人は、魂全体が「やるぞっ！」と張りがあり、息吹があって若々しい。

財界の長老と言われる方々は、人並外れてストレスが多いはずなのに、皆、長寿でいる。そしてボケていない。忙しく活動される中で、いつも頭を使っていることによって、自分の脳細胞というものが回復するからだ。意識の力と忙しく集中することによって、神なるものと気水を呼び込み、頭脳を回復させているのだ。

若者は勿論だが、年を取れば取るほど本を読み続け、勉強し続けることである。気水を枯らさず、気力が充実していれば、決してボケることはない。

その八　自分を鼓舞してやる気をかき立てよ

第八は意念衰耗《いねんすいもう》。要するに、やる気がない状態のことを指す。

やる気も何もない、なるようになれという状態の時は、魂のボルテージがグングン落ちているから、体力も落ちてくる。やる気をなくして自堕落になるから、守護霊も離れる。神なるものが遠くなる。気水も枯れていく。その結果、ますますやる気が出なくなるという悪循環である。

こんな時は、何でもいいから、自分を鼓舞し「やるんだ、やるんだ、やるんだ！」と、己に言って聞かせてみる。無理矢理口に出して自分を鼓舞しているうちに、やがて意念がビシッと立ち始める。そこですぐさま、本も読んでみよう、勉強もしてみよう、節欲をして頑張ってみよう、と、気水を回復できるような何かに打ち込むことだ。それが、意念が低下した時に、また気水が回復できる最高策といえる。

その九　退職したら何でもいいから生きがいを作れ

最後の業行衰微《ぎょうぎょうすいび》とは、実践や行動をしなくなった状態のことだ。

例えば、長年勤めた会社を定年退職したとしよう。趣味もなく、ただただ仕事に打ち込み続けて四十年。明日からポッカリと時間が空いて、何もすることが見当たらない……。こんな人は、まさに業行衰微に陥る可能性がある。

業行が衰微すると、意念も消耗してくるし、知解も低下してくるし、気熱も消耗してくる。食欲は減退し、その前の精力もだめになり、毎日毎日愚痴ばかり。いつしか、体の無理がこたえるようになり、雑念、妄想も出っ放し……。

定年退職した人は注意が必要である。何でも良い、これをしなければという目標がないと、人間というものはあらゆるものが衰微してきて（気水も枯れて）、老化して死んでいく。

長年、家を建てたいと努力を続け、やっと家を建てたら、すぐ死んでしまったという人は本当に多くいる。ようやく家が建ったということで、満足してしまうからだ。そのためにお金を貯めて、方角を見、地相も見、家族や親戚縁者に「どんな家がいいだろう」と何度も相談し、いよいよ家ができた途端、安心して死ぬのだ。まさに、業行が衰微したからである。

お気の毒ではあるが、これは目標の設定を誤ったことから生じたことだ。人は家を建てる為に生きるにあらず、である。当たり前のことだが、家が建った時に、人生の大目標が成ったかの如く心中でホッと一安心した方は、要注意といえる。

定年退職した方も同じだ。いや、まだまだわしのやることは残っているんだと、気合いと目標と生きがいを持って生きることが何より大事である。なければ無理にでも作る。

駅をお掃除して、親戚縁者の面倒を見て、お墓を磨いて、先祖霊のけじめもつけなきゃいかんし……。そうそう、今世は仕事一本で、どうも芸術性に欠けていた。毎日短歌を最低一首作ろう。百歳で歌集を世に残そう……等々、自分でどんどん目標をつくればいい。

悩みを打開する答えは、一歩前に出る時に来る

気水の枯れというのは、以上にあげたようなことから生じる。

皆様も業行、意念、知解……という順に、下からチェックしつつ実践して上がっていくといい。神様が私にそう教えてくださった。気水が更に充実する筈である。

ところで、何故下からなのか。なぜ業行から実践すべきなのか。

参考までに、私の体験を話してみよう。

私にもたまには、

「神様、やる気がまったく湧いて来ません。今日はやる気がない、もう何もかも嫌になった。どうしたらいいのか教えてくれーっ！」

という心境の時がある。

しかし答えなどない。教えてくれなければ、もう書道の色紙を書くのも、神業をするのもやめた！　とダダをこねたところで、答えはない。すねる、フテ腐れる、文句を言う……とあらゆる手で訴えても、やはり答えはない。かわりに戒めの守護霊が、

「そんなことで良いと思っているのか」

と叱りに来たりするくらいである。

しかし、文句を言うだけ言い尽くすと、そのうちに自分でも、「このままではいけないぞ」と思い始める。

「そうだ、こんなに辛いのは、きっと私だけじゃない。世の中には、こんな人は星の数ほどいるに違いない」

等々、あれこれ呟きながら、次第にテンションを高めていく。そして、「よし、答えがなかろうと、守護霊が何と言おうと、しようがない、やろう」と立ち上がる。苦しみや悩みには何の変わりもないが、しかしヤケクソに一歩踏み出して「やるぞっ」と思ったその時、

「おまえがあのとき悩んでおった答えはだな、これこれこれだよ」

と言って、神仏がお出ましになる。100％このパターンである。

悩んでいる時には神仏からの答えは来ないのだ。悩んでいることを越えようとして、苦しいけれど自分で一歩、二歩出たときに、

「その悩みの答えは、君、こうなんだよ」

と、答えが返ってきて、一気に後押しをして下さるのだ。

おわかりいただけたことと思うが、気水の枯れた状態で、あれこれ思い悩む時は、まず行動してみることである。その行動が正しいかどうかは、この際問題ではない。悩み事を解決するべく、一歩、二歩と努力をしたときに、自分自身に守護霊や神様が、何かの現象とか、ひらめきで答えを下さるのである。

それがわかり、そのコツを真に体得した人間は、どんな時でも挫折することがない。また、気水が枯れ切ってしまうこともないのである。

いかなる時も夢と希望と情熱を持て！　これが不屈の気力を生む

これであなたは天恵が受けられる！

神の叡智をキャッチする法

前項までのまとめとして、気水の枯れ、つまり気力の欠乏状況の解決にはどうしたら良いかというご神示を歌（道歌《どうか》）にして記してみよう。読み方は五七五七七の短歌調である。一通り、声に出してお読みいただければなお良い。

「悶えても　悟り来たらず　何事も　あっさり捨てて　天の知恵来る」
「問い学び　努《つと》め省《かえり》み　するうちに　悟りは深く　広くなりゆく」
「気のなりて　自ずから来る　悟りこそ　神より来《きた》る　恵みの知恵なれ」
「豊かなる　玉あらわれし　しるしあり　そのまま実る　努力の喜び」
「急ぎたつ　手柄に難あり　知らぬ間に　おれがおれがの　自我いでにけり」

最初から順番に解説していこう。

「悶えても悟り来たらず」

悟ろう悟ろう、悟らなきゃ……と思って悶え苦しむ。しかし苦しむばかりでは、何も悟れませんよということだ。

例えば、どうしたら結婚できるかを悟りたい人がいて、必死で思い悩んだとしよう。結婚とは何か、結婚とは何か、結婚とは、結婚とは……結婚とは……ウーン悟れない……、そこで、もう結婚なんかどうでもいいやとあきらめて、あっさり捨てた途端、

「結婚したければプロポーズの回数だ」

と天の知恵がやって来る。

要するに悶えても（そのことばかり考えていても）悟りは来ないのだ。何事もあっさり捨てた瞬間に、上からスッと答えが来る。あっさり捨てられないものは、悟ろう悟ろう（答えを得たい得たい）という思いが執着心の域に達している。霊的に見れば、執着心が雲になって、かえって天来の知恵が届くのを妨げているというわけだ。

そうかといって、ただわけもなく捨てていれば良いというものでもない。やはり最初は発願し、神様に思いきり投げかける必要がある。投げて投げて投げて、悟りたい悟り

たいと必死になって願いをかける。

しかる後に、執着なく忘れる。自分がああしたい、こうしたいという執着心や、欲望や、そういう一切のものを捨てる。

すると捨てて忘れて忘れ果てた頃に、スッと神からの答えが返って来る。これが、神と自分とのキャッチボールの呼吸である。

先に書いた、書道や絵を仕上げる際の「神がかり」も同じだ。何度も何度もやっても書けない時に、ああ、もうどうでもいいやと己も何も忘れ果て、ピークまで来たら、その時にスッと一瞬にして書ける。あっさり捨てた瞬間に、パッと天来のものが来る。その呼吸をこの道歌は教えているのだ。


「悶えても　悟り来たらず　何事も　あっさり捨てて　天の知恵来る」


捨てられない人には悟りがない。今までの自分や経験を大事に抱えているうちは悟りに届かない。悟りというのは、一度捨てたときにやって来るのである。

次の歌で、もう少し深く考察してみよう。

努力するだけして一度捨てる。その時に天のヒラメキあり

悟りを深める極意はこれだ

「問い学び　努《つと》め省《かえり》み　するうちに　悟りは深く　広くなりゆく」

歌としては、こちらのほうが伸びやかで気に入っている。

何かを悟ろうと思い、あるいは疑問点があって、神様に問いかける。守護霊に問いかける。人に問いかける。しかし、問いかけるだけでは駄目であって、自ら学んで追求する努力も、並行して行わねばならない。そう、自分なりに学び求める努力の足跡なくして、問いかけた答えは返ってこない。問えば問うほど、学ばなければ返ってこないのだ。

そして「努め」「省み」。努力は勿論必要だが、努力さえすればいいというものではない。努力がいつしか我と慢心を誘い出すことは多い。そこで、さて私の努力はどうだったのか。我《が》と慢心《まんしん》、驕り高ぶりはなかったか……と反省が必要となる。

孔子の高弟の一人であった曾子は、吾が身を日に三たび省みたと言う。「人の為に謀りて忠ならざるか、朋友と交わりて信ならざるか、習わざるを伝うるか」と。

私達もその慎みを見習いたい。自分が努力する中にも、必ず独善にならぬよう、幾度も省みる時、魂の謙虚な輝きは増し、悟りが深まっていく。

またあるいは、『易経』に謂う「終日乾乾、夕べに惕若《てきじゃく》」の精神で事にあたることを勧めたい。乾乾とは懸命に事にあたること、惕若とは慎み反省する意味である。すなわち、朝起きたら「さあ、今日もやるぞっ」と気合いを入れ、また今日一日のご加護を神仏に祈る。朝《あした》に天地を仰ぎ奉って、「頑張るぞー」と、元気一杯に叫んでみるのもいいだろう。そして、終日（一日中）、その勢いで張り切って事にあたり、その場所で自分に出来るベストを尽くす努力をするのだ。

そして、夕べに惕若《てきじゃく》。仕事を終えて家に帰った時に、ああ、果たして今日一日はどうだっただろうか。あんな言い方はよくなかったのではないか。もう少し、部長に進言すべきだったな。会議であがってしまったのは、ちょっと根性がなかった。今度やるときには、こうするぞ……というふうに反省する。

これが「終日乾乾、夕べに惕若」の、私なりの活用法である。努力しながらも一方で省みつつ進む、そのうちに悟りは深く広くなってゆく、ということである。

これが、

「問い学び　努め省み　するうちに　悟りは深く　広くなりゆく」

という歌の意味だ。

悶えても悟りは来ない、捨てたときに来るという。しかし、ただ捨てればいいわけではない。学問と修養、努力と反省を経て、悟りを深く広くしていく必要がある……ということを、簡単に二首の道歌に詠んだものである。

悟りの訪れるタイミングはここだ！

「気のなりて　おのずから来る　悟りこそ　神より来《きた》る　恵みの知恵なれ」

前の二首で、悶えても駄目な時には、あっさり捨てること。ただ悶え、あっさり捨てるだけではだめで、学び問い、努め、励み、省みることが大切であると述べた。

ではそうすればいつでも悟りがやって来るのか、といえばそうではない。チャリンと硬貨を入れてジュースが出てくるようなわけにはいかないのである。本当の神様の悟りの知恵を得るには、自らの悟りの機が熟するだけでなく、上からやって来る天の時を待たねばならない。これを啐啄同時《そったくどうじ》と言う。

啐啄同時とは、卵の中からヒナが出ようとする瞬間を親鳥が本能的に察し、卵の内と外から母子が同じタイミングでチョーンと殻をつついて、ヒナがバリンと殻を破る手助けをしてやることを指している。

　要するに、従来の自分の殻を破る瞬間というのは、そういうふうに問い、学び、省み、悶えて、悟りたい、いや捨てた、と行きつ戻りつしながら、自分の状態をまるで熟れきった果実のように、少しでも触れればたちまち弾けそうな極限の段階まで高めていく。そして、天の時期とも言うべき絶好の時を待つのだ。そうして、無形の気がなった瞬間に、竹筒がカーンといった音だとか、ちょっとした言葉をキッカケに、あっ、そうか！と大きなヒラメキで悟る。魂の奥深いところに、「そうだ！」と深く悟入する瞬間である。

　悟った瞬間の感激を表現することは、口のきけない少年が、とびきりおいしい西瓜を食べた感動を、身ぶり手ぶりで表そうとする様に似ている……と言った禅者がいる。まことに至言である。手の舞い足の踏む所を知らずとも言うが、文字や言葉で表せないような、これほど深い感動や深い悟りというものは、己れの気が熟しているのは勿論、天の気が凝結した瞬間でなければ到底できないものなのである。悟りの時期と天の時が合う、ということだ。

　そのことを知って、今一度、

「気のなりて　おのずから来る　悟りこそ　神より来る　恵みの知恵なれ」
の歌を味わっていただきたい。

悟りに関する以上の三首は、いわば連作である。皆様はこの三首のうち、どの段階におられるだろうか。ぜひとも、最後の歌の境地にまで到っていただき、悟りの歓びを味わっていただきたいと思う。

努力した分だけ実るのは、御魂《みたま》向上のしるし

では、次の道歌を解説してみよう。

「豊かなる　魂《たま》あらわれし　しるしなり　そのまま実る　努力の喜び」

ストレートに表面的意味を記せば、「努力したことがそのまま実る人というのは、魂が豊かである人のしるしである」ということだ。

一生懸命十の努力をして、十の喜びが返ってくるのが、すばらしきよき御魂《みたま》である。ところが、十努力しているのに一しか返ってこない人というのは、豊かではない、乏しき御魂だということになる。努力しない人は論外である。

これが極上のすばらしい御魂の持ち主となると、十努力すれば百、二百返ってくるのである。一見不公平なようだが、実はそうではない。

極上の御魂の持ち主とは、徳分もさることながら高い叡智を体得した人である。すなわちこの人の努力は、同じ「努力」ではあるけれど、他の人とは、努力のやり方のセンスが違う。しかも、今までの努力の積み重ねの上の努力であるので、叡智と徳分が備わった上での努力となっている。一見、十の努力だが、実は普通人の百以上もの努力に匹敵する内容が凝縮されているのだ。当然、百以上のものが返ってくる訳である。

また、十の努力で百返ってくる十倍の法則が出来るようになるまでには、もっと前からの地道な努力が積み重なっている。そのように、日頃から努力が積み重なった人の御魂は、御魂の中に豊かなる恩頼《ふゆ》（栄養）を蓄えているので、十努力すれば、百や二百にしてキャッチすることが出来るのである。

結局、「そのまま実る努力の喜び」とは、自分が努力した分だけ（あるいはその何倍も）、そのままが実るのが、正しく豊かなる魂を持っている人のしるしなんだよ、ということだ。反対に、乏しい魂、業の深い魂の場合は、十努力しても一しか返ってこない。豊かなる魂の人はそのまま努力が実っていく。努力した分だけ（あるいはそれ以上）

返ってくるから、努力することが喜びとなる。理想的な良循環である。私達は須くこうありたいものだ。

ところで、豊かな御魂の逆は、傷ついた御魂である。豊かな御魂の証しが「そのまま実る努力」なら、傷ついた御魂の証しは何であろうか。

例えば、愛情を注いだ男性に裏切られ、捨てられた女性は、今まで自分の尽くしてきたことは何だったんだ、自分はもてあそばれていた……と、深く傷つく。あるいは、投資した会社が倒産する。不渡りを食らう。だまされた……と、深く傷つく。要するに、投げたものが返ってこないときに、多くの人はガッカリする。

形で出したものは形で返り、目に見えない愛情を注いだものは、目に見えない愛情で返ってきたら満たされる。これが豊かなる御魂の人の実りだ。

ところがそうならなかった時には、がっくりして気落ちし、人は絶望感を味わう。この時霊眼《れいがん》で見れば、御魂はグサッと傷ついているのだ。そして、御魂は感性そのものであるから、傷ついたその時から、「羹《あつもの》に懲りて膾《なます》を吹く」癖が習慣づいてしまうのである。

例えば、心の底から愛した人との間に水子が出来、悲しい別れをしたとしよう。この女性は子供と聞くと、「あっ、子供……男の裏切り……」と連想するかも知れない。もしそうならば、男性に裏切られた御魂の傷がそう思わせているといえる。

あるいは、男性との交際が怖い……という思いが無意識に湧いてくる。どの男性を見ても、冷酷打算の男じゃないかと思ってしまうのだ。つまり、御魂が傷ついてしまっているということだ。

「注いだものが返ってこないかも知れない……」と怖れることこそが、御魂が傷ついているしるしなのである。例えば、仕事で失敗してさんざん言われたり、お客様からクレームがあったりした時、一時《いっとき》その理由を反省するのはいいだろう。けれど少し反省したら、もうそれ以上は振り返るべきではない。また失敗するのが怖くなるだけである。

では、既に傷ついてしまっている人はどうすればよいのか。答は一つである。怖くなくなるまで、そのことが成功するまでやることだ。たまたま失敗したそのことに縛られる御魂の傷を癒すべく、同じことに何度も何度も立ち向かうのである。やがてそのことに成功した時、あるいは怖さを感じなくなった時、あなたの御魂は壁を乗り越え、傷を癒したのだといえる。そうしたら、魂は豊かになる。そして、

「豊かなる玉あらわれしるし」

「そのまま実る努力の喜び」

の心境で、そのまま実った努力に喜んでいるというときが、豊かなる魂があらわれたしるしなのだ。

努力が実らず、喜びではなくなった時は、御魂が傷ついたり、御魂が曇っていたり、乏しくなっているしるし（であるから反省すべし）、と、こういう意味（教え）が含まれている道歌である。

さて、最後の

「急ぎたつ　手柄に難あり　知らぬ間に　おれがおれがの　自我いでにけり」

これはわかりやすいと思う。紙面の関係上解説は省かせていただく。是非味読・含読していただき、神に投げかけて、幾重もの意味を受け取る訓練材料としていただきたい。

第3章　吾輩は救霊師《きゅうれいし》である

～知られざる救霊開運秘伝～

救霊を受ければみるみる運が良くなる!!

では、本章では霊の実体について述べてみたいと思う。

ところで私には霊が見える。悪霊から高級霊、そして神仏に至るまで見えるのである。霊の世界は専門家であるが、それだけではなく、前世や未来に起こることも解ってしまう。この能力は、自分の人生を神に捧げたごほうびとして、神様が私に与えてくださったプレゼントであると思う。感謝しつつ、少しでも多く、世の為に役立てたいと思っている。

この章では、読者の皆さんに真実の神霊界の実体を知っていただきたいと思い、ここに私の審神《さにわ》(霊の正邪、正体を見破ること)実例の一端を紹介しよう。

実例 その1　胃弱の男性は、胃ガンで死んだ祖父の霊が……

胃弱の男性は、胃ガンで死んだ祖父の霊が……　私のところへ、胃が弱いという32才の痩せた男性が相談にやって来た。３年程前から具合が悪いという。本人は、胃ガンでは？　と心配もしている。私も今日は朝から胃の調子が悪く、健康には自信のある私もさすがに辛い。予想通り、原因はこの男性に憑《つ》いている霊の影響だった。

その男性に会った瞬間から、彼と二重写しに、彼の父方の祖父の霊が見えている。話を聞くと、祖父は三年前に胃ガンで亡くなられたということだ。その祖父の霊が胃の悪い原因であることはもう言うまでもない。

私はその祖父の霊に意識で話しかけてみた。

「あなたはどうして霊界に行かず、孫であるこの男性に憑いているのですか？」

すると、

「私はこの孫を守護しております。邪魔をしないでいただきたい」

という。

やれやれ、守護霊きどりの先祖か……。

そこで私は、その祖父の霊に五つの事を伝えた。

まず一つは、守護霊になるにはかなりの霊界修業を積んで、霊格を向上させた後、神霊から人を守護する資格を授かって、はじめて守護を許されるのだということ。

二つ目は、人は死んだ後には一切この世への執着を断ち、行くべき霊界に行ってより御魂の向上をしなくてはならぬこと。

三つ目は、人に勝手に憑く罪は非常に重いということ。

四つ目は、あなたがこの男性（孫）に憑いていることにより、孫の胃の具合を悪くし、かえって迷惑を掛けているということ。

そして五つ目は、霊界には病気はない、生前肉体は病んでも、死後の今は、肉体はもうないのだから病気もないのだ、ということ。

こうしたことは、本来生前に学んでおくべき事なのだが、知らずに一生を終えてしまった今となっては、一つずつ教えて差しあげるしかない。

その時、神霊が私に教えてくれた。

「この男性はこのまま放っておくと、五年後に胃ガンになる。救霊してあげなさい」

運の良い人である。しかし今回救霊すれば八十五才までは寿命があるようだ……。

私はこの成仏していない祖父の霊に対し、救霊（除霊）をはじめた。今申し上げた五ポイントの内容を織り込んだ歌にして。

一時間ほど救霊をし、その祖父の霊の胃を治し、霊界での食事も与える。他にも先祖など合わせて十三体の霊を救済し、無事に霊界へ連れていった。

終了後に、私は閉じていた目をあけて彼に聞いた。

「いかがですか、胃の具合は」

その時、彼の目から一筋の涙がこぼれていた。彼は私に言った。

「どういう訳かわかりませんが、涙が出てしまって……」と。

霊が喜んで救われる感動が、憑かれていた人には無意識に伝わってきて、自然に涙がこぼれたりするのである。

ほとんどの場合、先祖霊の救済はすみやかに行なわれる。霊界のことを知らないだけのことが多いので、わかれば後は早い。

その男性はその日以来、すっかり胃の調子が良くなり、食欲も元に戻ったという。一カ月後の連絡では六kg体重も増えたそうである。

もう少し言っておけば、よく胃ガンなら胃ガン、子宮ガンなら子宮ガンと、代々あるいは家族が次々と同じ病気にかかったりして、ガン家系などと言われたりする家がある。これも、ガンで亡くなった先祖が守ろうとして憑いていたり、助けを求めて憑いたりして、憑かれた人から順番にその先祖と同じ病気で亡くなるのである。だから、誰かが一度救霊を受けると、ピタリとその病気は家系から姿を消したりする。

しかし、先祖霊はまだしも、少々やっかいなのが、家代々のたたり霊である。

実例 その2 たたり霊の救霊後、目の前で歩けるようになった……

私のところに、重症の患者が運ばれて来た。聞けば、車の事故に起因するヘルニアで二カ月前から動けないという。

「これは単なる病気ではないな……」

とピンと来る。私の腰も今朝からビリビリ痛むので、腰の悪い人が来るのはわかっていたが……。

早速霊視してみると、案《あん》の定《じょう》霊が数体憑依している。中でも強烈なたたり霊が三体。その内の一人は何故か子供である。

霊達との対話、及び神霊の教えでわかったことは、この人の十二代前の先祖に土地争いで騙されて恨みながら病気で死んだ夫と、後追い自殺（崖からの飛び降り自殺）の母・子であった。

腰が動かないのは、その後追いの飛び降り自殺をした妻が、腰を強打して死んだ時のショックのようである。（自殺した人は、霊界においては一日に何回も自殺をくり返すので、その度に憑かれた人は痛みが走るのである）

人はこの世で死んでも、霊界に痛みを引きずっている者は多い。良い霊界へ行った者は自然に癒されたりするのだが、このように怨みや絶望の果てに死んだような場合は、良い霊界に行けないので、痛みを引きずったまま苦しむ事が多い。

そして、彼らは、死後はこの人の十二代前の先祖に憑き、その後家代々を怨み続けてきた、というわけである。現に、その男性の家系は、事故や病気で四十代で亡くなっている人が多いという。なかなかの強烈な怨みといえよう。何しろ、もうかれこれ三百年以上も怨んでいるわけだから……。

私はさっそく救霊をはじめた。

まず霊達に怨みを解き人を許すよう説得をする。無論、言葉だけで納得するわけではない。そこで、その三名に、何故そのような不幸な一生であったのか、その原因となるそれぞれの前世を見せるのである。

彼らの不幸の元を作った前世を見ると、三人共（夫も妻も子も）、鎌倉時代の中期に一地方の豪族一家であった。根っからの宗教嫌いで、寺の僧二名を何とか追い出そうとして、最後は毒殺してしまったという前世であった。

まさに因果応報である。人を殺せば殺されるの法則通りだ。その為に、生まれ変わって今度は、自分達が死に追いやられる運命になったという訳である。

自殺にまで追い詰めたのは、確かにこのヘルニアで苦しんでいる男性の十二代前の先祖ではあったが、そもそも自分の不幸の真因は自らにあった訳である。

自分の前世を見たたたり霊親子も、その自らが前世に犯した罪と残忍さを見ている内に、改心をしてきたようだ。

鬼のような形相であった三人の顔も、柔らかい表情になってきた。

私はその夫の霊の病気を治し、妻と子のバラバラになった骨を治し、体を楽にしてあげる。

霊を救うには、何よりもまず楽にしてあげることが大切である。

人の不運には、たたり霊が暗躍している

というのは、霊は自らが霊界で苦しい限り、その苦しみを「これもあいつのせいだ！」という怨みに転化する。その痛みが、強烈な怨みを何百年も抱き続ける根源となるのだ。

自らの前世を知って改心し、体も楽になった霊達に、私は神霊と一体となって説得の歌をうたう。そしてようやく、霊達の心にも許す心が出てくるのである。怨みの冷たい心は消え行き、許しと反省の温かい心が甦ってくる。そして冷めきった地獄の世界から自然と抜け出し、上の、温かい心の人達がいく霊界の方へと自分の力で昇って行けるようになる。勿論、神霊が導いて上の霊界へ連れて行くのだが……。しかし本人の心から怨みが消え、温かい心が出てこない限り、いくら神霊が連れていこうとしても無理なのである。

そうして、私と神霊の共同作業で霊を救って行くのである。

この、霊を根源から救済する方法は、一般に行われている悪霊を霊力・念力で追い払うだけの除霊法とは根本的に異なる。ただ追い払うだけでは、その霊達の憎しみや怨みの心は全く解決していないので、一度は離れてもすぐにまた憑依し、以前にも増して不幸に陥れようとするからである。

ところで、この男性の場合だが、この時はその他に一五体の霊を一緒に救済し、救霊を終えた。

するとその男性は、動けなかった体を折りまげることが出来るようになったばかりか、何と起き上がったのである。そしてあろうことか、自分で二歩、三歩と歩いたのだ。付き添いの人は目を丸くして驚いていた。

しかし、一番驚き、また喜んだのは当の本人であったろう。

「ありがとうございます、ありがとうございます」

そう私に何度も礼を言ってゆっくりだが歩いて帰っていかれた。その後、普通に歩けるまでになって、今では元気に暮していらっしゃるようである。本当に良かったと思うと同時に、怨念霊の怨みのパワーには改めて驚く。

家に不幸や不運がよくある家系の人は、一度救霊（除霊ともいう）を受けておかれることをお勧めする。

それではもう一つ、動物霊のケースを紹介しよう。

実例 その3 動物霊の実態（ベスト3）——稲荷ギツネは一番始末がわるい

Ⓐ怠け者のタヌキ霊

人格的に偏りがある人や、欲深い人に憑きやすいのが動物霊である。タヌキ霊が憑くと強欲になったり、よく物をなくすようになる。また怠けものでよく眠り、よく食べ、目下に威張って、よくしゃべる。おまけに体型もタヌキに似てくるので一目で分かる。

またタヌキが憑くと、よくドジをしたり、動作がモサッとした感じになる。

以前、太っている女性に憑依していたタヌキ（ほとんどが怠け者や強欲な先祖が化身した人霊ダヌキ）を除霊したが、効果テキメン？　すぐに痩せはじめ、一カ月で十kgも痩せて丁度良いスマートな体型になったケースもあった。

Ⓑ執念深いヘビ霊

ヘビ霊は、暗い性格で執念深い人に憑く。また、人を強烈に怨んだり、ショックな事があって傷つき、あまり落ち込んだりすると、その低い心の波動がヘビの波動と一致する為、ヘビの霊を引き寄せ、合体してしまうのである。

すぐに気付いて気持ちを回復させれば良いが、長く憑かれていると、ヘビ霊の影響でいつまでも気持ちが沈み込んで元に戻れなくなる。そして、本当に暗い性格になってしまうという訳である。

ある時、深刻なノイローゼに悩む女性が救霊を受けに来た。その若い女性は、ある時低級な霊能者に、あと五年の寿命だと言われて絶望し切っていたのである。ガックリ気力が衰えて、邪霊悪霊をハネ返す念のパワーが衰退し、無抵抗で悪霊を取り込んでしまっていたのだ。

その低級霊能者の一言は、まさにヘビの霊を呼び込む下地を作った一撃であったのである。夢、希望、元気がなくなると、やってくるのがヘビ霊である。

御魂が傷つくというが、そうなると運まで悪くなる。そんな人は前章で触れたように傷に立ち向かって回復させるか、あるいはスポーツで体を鍛えるなり、何か情熱的に向かっていくものを無理にでも作り、傷ついたことを忘れるぐらいその事に熱中するのがよい。

ところで、五年後に死ぬと言われた女性だが、私がその予言はいかに間違っているかをじっくり説き、一～二分の救霊で体に巻きついていた三ｍぐらいのヘビ霊を霊界に返したのである。すると、たちまち表情が明るくなった。まさに彼女の心が今まで地獄に落とされていたのが、若々しくて明るい、元いた上の霊界に戻ったのである。

それ以降、彼女はすっかり想念が明るくなり、もう恐怖心もまったく湧いてこなくなったそうである。

一つ言えることは、このような場合、憑《つ》いているヘビの霊だけを除霊してもダメだということだ。心の中に傷ついた暗い想念の部分がある限り、また別のヘビがやってくる可能性があるからである。霊界には、高級神霊も無限におられるが、邪霊も無限にいるのだから。

そうならぬよう、最終的に人は、完全で傷のない人格を完成する事が大切なのである。ただし、救霊をまず受けて、明るい想念になってからその人格直しに励むのがよいだろう。というのは、今現在邪霊を付けたまま、自分の力でいくら頑張っても、足に重りを付けたまま上に上がろうとするぐらいの困難と労力を伴なうからである。

自分は運が悪いと思う人は、救霊を受けてみることだ。必ず、驚くばかりに努力が実る人生に一変するだろう。

Ⓒ悪賢いキツネ霊

動物霊の中でも、一番始末が悪いのが稲荷ギツネである。なぜ始末が悪いかと言えば、キツネは、タヌキやヘビより賢いからである。賢いといっても悪知恵であり、悪賢《わるがしこ》いのであるが。

イライラグセや、ヒステリー、ウソつき、利己主義の人などは実によく憑《つ》かれている。本当に現代はエゴが渦巻いているのか、詳しく霊的に見ると十人に二～三人の割でキツネ霊が憑いているように思う。

また見栄っ張りや、プライドの高い傲慢な人、そして何でも他人のせいにするような責任逃れのクセがある人もこれだ。

実際キツネに、

「何でこの人に憑いたんだ！」

と聞くと、

「オレはこいつに頼まれて憑いてやってるんだ」

という。頼まれた？　そこで何を頼んだのか追及してみると、

「こいつがいい女はいねえかナーと思ってるから、オレ様が世話をしてやろうとしたの

さ。つまり頼まれたってわけだ」

ああ言えばこう言う。しかも全く反省しないのである。

私はキツネに関してだけは害が多くて放っておけないので、抹殺することにしている。

以前は、自分の霊体の手を百倍ぐらいに大きくして、両手で挟んでまとめて何十匹も一度に押しつぶしていた。しかしこれは大変疲れる。おまけにしばらくたつとまた生き返って来て、悪さをする。

そこで考え出したのが、キツネの霊たちを大きな投網のような大網で取り込み、まとめて火山の上まで飛ばし、網ごと火口に放り込む方法である。しばらくこれをやったが、毛が焼け焦げたキツネがまたはい出して来て悪さをする。

次に考え出したのが、キツネを一匹ずつしばり、東京タワーに逆さまにぶら下げてつないでおくという秘法だ。ただしこれもキツネがあばれるため、月日とともに網がゆるむので、二カ月に一度ぐらい絞め直さねばならない。それで、お弟子に「二カ月目には必ず教えてくれ、網を絞め直すから」というのだが、お弟子も私も忘れてしまって、また戻ってきて悪さをする。

そこで編み出したのが、神様にお願いしてキツネを溶かしてもらい、鉛《なまり》の中に溶かし込み、固めてしまうという秘法だ。コンクリートやプラスチックなどいろいろ趣向を変えてみたが、やはり鉛《なまり》あたりが一番よく固まる。

さらに、キツネをまとめて粉ミルクのように粉砕し、宇宙の塵《ちり》にしてしまう方法もある。これを私は、宇宙創造逆秘法と名付けている。

つまり宇宙は無から有を生むのだから、有から無に逆戻りで還元してしまうという秘法だ。

そして最近でもよくやるのが、紙にそのキツネの絵を描き、結界を張って二次元にキツネの霊を封じ込めてしまうという秘法だ。

その他にもまだまだあるが、キリが無いのでこれぐらいにしておこう。

こうやって考えてみると、私も昔は本当に暇だったなと思うのである。忙し過ぎる今から思うと、よく考えついたものだと自分でも笑ってしまうくらい、グッドアイデアがぞろぞろあった。

話を戻して、キツネ霊に憑かれた人は本当に多いといったが、それを今述べた方法などを使って救霊するのである。キツネがいなくなると、運が良くなったり体調が良くなったり、精神的に落ち着きが出て来たりして信用や人気がグングン増す。

オッチョコチョイなミスをさせるのもキツネ霊の特徴であるから、ドジもなくなる。人一倍好色な人も、キツネにやられている人が多い。これも救霊によって普通に戻ってくるのである。

以上述べたタヌキ、ヘビ、キツネが、人に害を加える三大動物霊である。

このように、先祖霊、家代々のたたり霊、そして動物霊と代表的霊障（人を不幸にする弊害）のある悪霊を紹介してきた。

その他にも人に災いする霊はまだまだある。生霊や水子霊、浮遊霊に地縛霊、木霊、井戸霊、天狗、行者、宗教団体霊ｅｔｃ……、数え切れないぐらいある。

それらの救霊（除霊）は、私が教え、指導した救霊師という資格を持ったお弟子が、全国約百十ケ所で行なっている。一度は受けておかれることをお勧めしたい。

というのは誰にでも、守護霊などの善霊も数霊〜数十霊いるのと同じく、マイナスの邪霊・悪霊も十〜二〇体は憑いているものだからだ。

普段はそれ程害は感じないが、人が一旦衰運期に入った時などには一気に姿を現わして、病気や失敗、不幸に陥れようとするのである。

受けてみればおわかりいただけると思うが、体が軽くなったり、病気や家庭不和が改善されたり、運勢がグングン良くなったことを実感したり……と、ほぼ100％の人が何らかの感触を得ておられる。

もちろん、私は無理にはお勧めしない。「救霊」は、神霊によって救済して頂く秘技であるから、よく理解して下さり、感謝をもって受けていただける方にのみ、お取り次ぎをさせていただきたいと思う。そうすることが、神霊に対して礼節を欠くことのない、正しい神霊に対する姿勢だと思うからである。

第4章　吾輩は先祖を供養する

～正しい先祖供養と仏壇の祀り方～

仏壇・お墓はこんなに大切

死後に霊はどこへ行くか？――死後の霊界案内

霊界の仕組みを正しく知るために、まず仏壇・位牌《いはい》の意味から書いていこう。

「仏壇に、毎日食事は上げたほうがよいのでしょうか」

等の基本的な質問をよく受けるので、その質問に答える中で具体的に解説してみることにする。

仏壇に関しては、私もいろいろ研究してみた。どういう食事が喜ばれるかということの前に、そもそも仏壇は祀《まつ》る方がいいのか、祀らない方がいいのかという問題がある。

これは、どちらとも言えない。某宗教団体などでは、仏壇をお祀りすることで開運するというし、私も救霊に来た人に、

「仏壇はお祀りした方がいいですよ」

と言う場合もある。

ところが、たまには私も、

「あっ、あなたはお祀りしないほうがいいですよ」

と言う場合もあるのだ。これはなぜか。

仏壇にはまず位牌《いはい》がある。位牌は依代《よりしろ》（霊がかかるためのもの）であって、霊がかかりやすいような場所だ。黒に金文字というのが、霊にとってみたら、かかってみたいなというムードに誘われるのだろう。あれがピンクに緑でもいいんじゃないかと思ったこともあるが、色情霊が来そうなのですすめないことにした。やはり、黒に金というのが、いかにも、輪島塗のような感じがしていいのだ。霊に直接聞いてみたところ、やはり霊自身も、

「あれが好きだ」

と言っている。また、

「なるべく仏壇は明るい方がいい」

とも言っていた。

詳しくは私の『仏壇の正しい祀り方』という講義テープを聞いていただきたいが、少

しつけ加えると、仏壇の依代《よりしろ》にかからなければ、死者の霊は人間の体にかかりたがる。ところが霊が人の体に一日でも憑くことは、霊界法則に反することなのだ。一日憑いたらその何倍、何十倍という期間、辛く厳しい霊界修業に行かされる羽目になる。すなわち、人間の体にかからせないために本来、仏壇はあるのだ。こっちにかかりなさいという意味と働きが、仏壇と位牌《いはい》には元々ある。

ところが、仏壇にかかるということも、実は霊にとっては本来、よくないことなのだ。これについては、後ほど述べよう。

さて、死んで霊となった者は、あの世で霊界修業という次の修得過程が義務として待っている。ただし死後三十年ぐらいは、地上に極々近い世界である幽界《ゆうかい》に行くことになる。およそ三十年、まあ大体三十三回忌ぐらいまで仏壇で供養をしてあげればよい。彼らはそれ以上、この地上にいることは許されないのだ。人は死後もなお、しばらくは現世の思いが残るので、三十年かけて「幽界」で生前のアカを払拭し、それぞれの霊界へ行く。これが天《あめ》の八衢《やちまた》修業だ。

その間は、一周忌、三回忌、七回忌、十三回忌、とキチンと供養してあげた方が良い。霊というものは、「せっかく十三回忌のつもりで来ているのに、なぜ供養をやってくれない」などと怒ったりもする。霊が騒いで病気が起きたり、長男や次男がおかしくなったりということも多々あるのだ。

喘息《ぜんそく》や夜尿症であったり、あるいは大病を患ったので、よほど因縁が重いのでは……と心配になって救霊に来た方がいらしたが、いざ原因を突き止めたら、ただ十三回忌の供養をしてくれなかったという、それだけの理由だったこともある。それが分かったら、途端に病もなくなったようなのでまあ良かったのだが。

ケース・バイ・ケースだが、ほとんどの場合三十三回忌ぐらいまでは、死者の霊も現実界と交渉してもいいということで、執行猶予期間とでもいうような許可がある。

そんな許可を神様からもらっているのに、何故供養をしてくれないんだということで、霊にも怒る権利が与えられているのだ。

中有界、天上界の霊には仏壇の必要はない

こう聞くと、ああ、ご先祖様のために供養やお祀りをしなくてはと思いがちだが、よく考えるとおかしいところもある。

というのは、子孫にかかって救済してほしいなんて言うのは、真ん中（中有界）のレベル以下の霊のやることだからだ。正しく現世で修業した人は、仏壇や人間の肉体にかかって「助けてほしい」などと言ったりはしない。真ん中以上の霊層を持って亡くなった人は、さっさと行くべき所に行ってしまう。

ところで、三途の川というのは霊が上・中・下の三段階に振り分けされる川で有名だが、他に、一途の川というのもある。

これは即地獄か、即天界かの一本の道しかないような人が渡る川で、これを一途の川という。もうお前には選択する余地はない、おまえはこれしかないということで、極悪の者、極善の者は一途の川に行く。

それ以外の大多数の人々は三途の川を渡り、行くべき霊界を振り分けられて天国（上）・中有（中）・地獄（下）と大きく三つの層の世界に行くことになる。

天国は気持ちいいし、中有界の上段もなかなかいい世界だ。ここに住む霊達にとっては、供養なんて全く必要ない。

だから真ん中のレベル以上の霊にしてみると、仏壇などあってもなくても平気なのだ。無論、人の体にかかることもない。もし万一かかっても、かかられた人はとても心地良

仏壇の依代がなければ、先祖霊は人にかかる

いだけだ。
「あら、守護霊様かしら。守護霊……、ふだんの守護霊よりも、何となく、高貴な感じだな。えっ、この間亡くなったおばあちゃんなの。そう。生前、世の為人の為に生きて、立派に修業も済ませていたのね」

と、こんな場合はお互い幸せなだけだ。仏壇や位牌にかかっても、ああ、おばあちゃん、お元気ですか、と言うだけで十分。子孫がお供え物をする気持ちを受け取って、霊も嬉しいわけだ。これは非常に好ましい姿であって、それから三十年もたつと、用事のない時にはおばあちゃんも来ない。そして自分の霊界修業をする。

しかし、成道して、菩薩の位や如来の位をいただけるような霊的ランクを、生きている間に会得した人はまた違う。伝教大師や弘法大師などがそうだ。

彼らは自由自在に、守護霊として霊界を動き回ることができる。親戚縁者はもとより、比叡山や高野山で修業する人や、世の為に生きようとする人たちに、血縁血脈関係なく、自由自在に神様の使者となって守護できる。こういう方々には仏壇も全く関係ない。供養も全く必要ない。心地よい霊界にいて、自分で自由に動けるから心配することはない。

つまり仏壇を祀って供養したいという遺族や子孫の心根は尊いけれど、霊にしてみれば祀ってもらう必要は特にないわけだ。

下等な霊の祀《まつ》り方――般若心経の功罪

問題は、真ん中以下の霊だ。特に、一途の川のどん底とか、地獄の三丁目から二丁目あたりのたばこ屋さんや、一パイ飲み屋でウロウロしているような先祖霊が問題となる。こういう霊は、三回忌、七回忌、十三回忌など、この世に来てもいいですよという時には、待ってましたとばかりに、地上の子孫のあっちに食らいつき、こっちに食らいつきする。そういう霊のいる場合が大変なのだ。

年供養の後に、家族が病気をして死んだとか、三回忌の後からどうも調子がおかしくて、家の中がゴタゴタしているというのは、そんな不成仏の先祖霊たちの影響と見てほぼ間違いない。

例えばどんなたたりの霊かというと、

「深見先生の本を読んでみたら」

というのに、嫌だといって、ずっと財テクばかりやって死んだというおじいちゃんだったりする。

そのおじいちゃんが問題だ。三十三回忌はもとより、仏壇でお祀りしようと思ったら喜び勇んで現れる。特に、仏壇で般若心経など上げようものなら、大変なことになるのだ。

般若心経は霊にとって気持ちいい

私はこれを恐怖の般若心経と呼んでいるが、この恐ろしさを知らない人が多過ぎる。世の中には、何でもかんでも般若心経を上げればいいと思っている人が実に多い。確かに般若心経を上げると、霊的に見たら金色の光がピカピカ光っている。

また、真言密教でも般若心経を上げるが、これは密教の修業の一つで、仏様とか如来様、権現様の法力を授かるために上げるものだ。基本的に、いい霊が来て、般若心経を上げる場合には、それがそのまま法力になる。だから、私のところでも救霊では般若心経をあげたりもする。

さて、問題なのは、仏壇で上げる般若心経である。般若心経を上げてもらうと、霊の

方は気持ちがいい。だから、前述のおじいちゃんのようなレベルの低い霊に向かって、もし仏壇やお墓で上げようものなら、

「あっ、気持ちいい。やってちょうだい、やってちょうだい」

と猫が喉をゴロゴロならすみたいに喜ぶ。それで、気持ちがいいものだからすり寄ってくる。

寄ってきた霊を救済する法力とか霊力とか、あるいは説得をするという力があれば別だが、普通の人にはただ寄ってくるだけだ。

「あっちへ行きなさい」

と言っても、やってやって、もっとやってと我儘《わがまま》を言って離れようとしない。

こうして、霊は本来この世と別れて本格的に霊界で修業する時期になっても、供養してくれる縁者から離れられずに、地上界をさまようことになってしまうのだ。こういう場合が少なくないので、このおじいちゃんのような不成仏の霊をかかえている人には、私は般若心経はあげないように、というのだ。

恐怖の般若心経で浮遊霊のデパートに

本来、極めてありがたい般若心経だが、霊界法則を知らないで上げたがために、とんだ目にあった人の話をしよう。

お墓で無縁仏さんをお祀りして、般若心経を上げるという人が、私のところへ救霊を受けにいらしたことがある。

「先生、もう体が動かなくなって」

と言う。一見したところ、

「おやっ、この人は動く浮遊霊だ」

という感じ。まだ五十何歳なのに、見たところ八十数歳のよう。歩く姿も顔も、本当に、私が霊界でよく見る浮遊霊そっくりなのである。ところが救霊をしたら、途端に普通の顔になった。この人は○○会という会に所属していて、そこは、無縁仏様をお祀りすると功徳が積めると教えるのである。なんということか！　無知というのは恐ろしいことだ。

自分のお墓だけでは足りず、無縁仏までもお祀りする。それで功徳が積めるとは……、

般若心経は気持ちがいいので、低級霊が大集合する

それを信じて、無縁仏の所ばかりに行って、般若心経を上げるわけだ。それで、「ありがとうございました」

と無縁仏にお礼を言うという。何がありがとうかといえば、浮遊霊をいっぱいいただきまして、ありがとうございました、と言っていることになる。

この人は、体中が浮遊霊のデパートのようになっていた。これを恐怖の般若心経と言わずして、何と言おうか。

般若心経にまとわりつく霊はしつこい

こういう霊は子供と同じだ。子供とちょっとお遊びしてやると、楽しいものだからまた寄って来る。

「もう終わり？　おじちゃん、もう終わり？　おじちゃん、おじちゃん、もっと遊んでよ」

とまとわりつく。

「私は用事があって忙しいからダメ」

と言っても、

「おじちゃん、もっとやって」

とくる。

「あっちへ行きなさい。あっちへ行きなさいったら、行きなさい」

「おじちゃん、もっとやって。今のおもしろい。これ、もっとやってよ、キャンデーちょうだいよ〜！」

としつこい。

子供の実態を見るにつけ、浮遊霊に似ているなと私はため息をついてしまった。

「子供浮遊霊論」などというと、幼稚園からクレームが来るかもしれないが、とにかく、子供のお遊びのようなものだ。聞き分けのいい子というのは高級霊といっしょで少ない。

「坊や、おじちゃんはね、誘拐犯なんだよ。誘拐されちゃうゾー」

というふうに子供に言って聞かせなければ離れないほどである。これなども、意志が強くてこわそうな人には、浮遊霊も寄り憑かないから、子供は大変よく似ているといえよう。

それはともかく、仏壇やお墓で般若心経を上げると、今述べたように霊がやって来る。

払いのけたり、言って聞かせたりできない普通の人たちが般若心経を上げるということは、霊界の実情から見て非常に問題が多い。

誤解しないでもらいたいが、般若心経そのものは、数ある仏典の教えの中でも、最も意義深いお経の一つだ。決して低いレベルの霊をゴロニャンさせるマジナイではない。

それでは、般若心経は何かというと――要するに、お釈迦様の諸行無常、諸法無我、涅槃寂静《ねはんじゃくじょう》、それから世間一切皆苦、これらが詰まっている。

仏様の教えを三法印と言う。大きく広く言えば大蔵法典、小さく要約して言うと三法印、諸行無常・諸法無我・涅槃寂静が仏教の3大ポイントなのだ。

般若心経の核心は、現世で見たり聞いたりしたものは全て無い。無いということも何も無いぐらい無いんだ、ということだ。だから、この此岸のことをいつまでも思わないで、彼岸へ渡りなさい。執着心をなくしなさい。もっと軽やかな心になりなさい、と死者の霊に諭すお経なのだ。

ところで、極楽浄土へ行く三大ポイントは――。

まず第一に、慈悲の心をもって、温かい。

第二に、前向きで、執着心を捨てて、軽く。

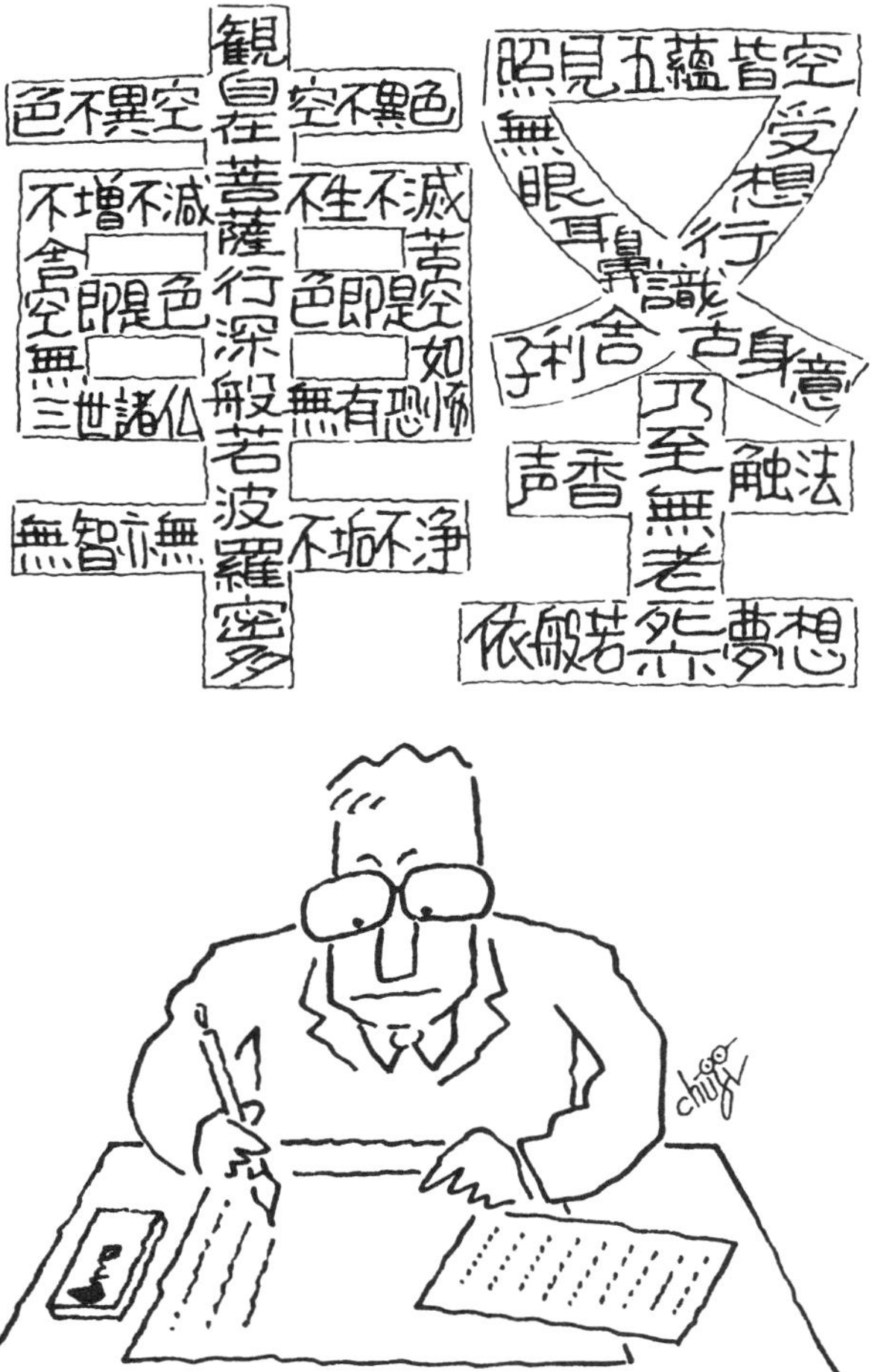

般若心経は死者にあげるより、生きている人が意味を悟ることだ

第三に、感謝の心をもって明るい。だから、明るい極楽浄土に行く。

現世に執着心が何もなく、死んだら死んだで、霊界へ行くんだーっ！　と明るく元気な気持ちでお亡くなりになった方は、心が非常に軽い。軽いから上へ上がっていく。このように、いかにすれば軽くなるかという解説を見事に説いたのが般若心経だ。

つまり、この三大ポイントのうちの「軽く」という、一つのポイントを実践する意味を書いているのである。すなわち、般若心経に書かれている内容は、生きている人が、生きている間に理解して、形あるものに対する執着心をなくしていこう、と実践すべきもの。これこそが般若心経に対する正しい読み方であり、姿勢であろう。

般若心経写経でがんばったのに……女優Aさんの場合

名前を言えば誰でも知っている女優のAさんは、神一筋で生きている人である。

初めてお会いしたときに、

「先生、私、般若心経を千回書こうと思って写経したんですよね。でも、どうしても続かなくて。私って持続力がないんですね。五百五十回しか書けなかったんです」

と言う。

「ほう、五百五十回」

なかなかできないことだ。一日一つ書いても、一年で三百六十五回にしかならない。それを一年半の間、毎日彼女は書いていた。なぜ書けなくなったかというと、強烈に体が重くて、もう仕事もできないぐらいに重くなっちゃったと言うのだ。恐怖の般若心経を一年半も書き続けていれば、やはりそうなるのだ。

確かに、自分の書いているお経の意味をわかって写経すれば、それは大変意義のあることだ。しかしそれであっても、真ん中以下のご先祖が多い人が写経すると、どんどん霊が出てきて、身動きができなくなるのだ。これを「恐怖の写経」と言う。仏教系の某グループからは文句を言われるかもしれないが、確かにこういうことになる。

写経は、写す文字も意味を持っているが、般若心経が何が言いたいかということを咀嚼しなければ意味がない。お経はあげるものではない、書くものではない、まして拝むものでもない。内容を理解して、心の持っている内面性を覚醒する、悟りを開く、そして、お釈迦様が言いたかったことを納得することこそが大切なことなのだ。

お経というのは、元々、お釈迦様の生きた言葉を記録に残したものだ。お釈迦様が書

いたものでなく、お弟子が、

「私はこういうふうにお釈迦様から聞きました」

と書いたもの。

「如是我聞《にょぜがもん》」――「このごとく、我、聞けり」なのだ。拝むための道具ではない。

バイブルも同様でイエス自《みずか》らが書いたものではない。

イエス様はこうおっしゃっておられましたということを、マタイやルカが「このごとく、我、聞けり」と記録したのがバイブルだ。仏教の場合は、それが全部、お経として残っているのだ。そう考えたら、お経の本質や存在意義もわかる。お経は形ではなく、内容に接するのが本当で、これが基本なのだ。

お経を上げるとか写経をするということ自体は悪いことではないが、それだけで良しとしてしまって、本質を理解しないままでは問題がある。よく意味を理解して、時々般若心経を見て執着心が多いわが心を反省する。お経をあげながら、意味するところを理解して、そうだなと思う。これが大事なことなのだ。

そうは言っても、般若心経に限らず、仏教の経文はすべて全文漢字で書かれているので、現代の人には難しすぎるだろう。「南無妙法蓮華経」だけなら子供でも知っているが、肝心の法華経というお経の意味、法力の秘密となると、よほど研鑽を重ねたお坊さんでないと通じていない、というのが実状だ。

私はセミナーにおいて法華経の法力について、現代用語で易しく平たく解説したことがある。法華経の現代語訳だ。

しかしこれを今、記録にとどめていたとしても、一万年ぐらいたつと、難しい言葉を話しておったなというふうに言われるかもしれない。そういうものだ。

ともあれ、お経は理解するものであることは、おわかりいただけたと思う。これが本質なのであって、仏壇の前で般若心経をあげればいいとか、無縁仏さんに般若心経をあげてお祀りすればいいといった風説はあるが、私としては今述べたような理由で、あまりお勧めできない。どうしてもやるとおっしゃる方を止めはしないが、やるにしても本当の意味を理解してやったほうが、変な霊に取りつかれることもなく、仏教の本質に近づくことができるだろうと思う。

それからもう一つ話しておけば、時々、仏壇で先祖にお願い事をする人がいるが、あれなども、まずしない方がいいのはもうおわかりいただけたと思う。救われたいのは先祖の方なのだから。

仏壇とお墓の役割――お墓霊界は子孫に影響する

仏壇とお墓には、どういう意味があるのかもこの際ご説明しよう。

これまで説明してきたように、真ん中から以下の霊が寄るところとして、仏壇は七〇%ぐらいの役割、お墓は三〇%というのがバランスだ。とすれば、仏壇とお墓を比べれば、仏壇のほうが大事ということになる。

だから仏壇は、なるべく日常生活と接触するようにしていくのがよい。

では、お墓はどうでもいいのかというと、そうもいかない。よくこういうことがあるものだ。

「私は死んで、この墓の中に入るから、おまえは守ってくれよ」

と、お父さんが生前言っていたようなケースだ。

お父さんは死んだ後、本当にお墓の中に入ろうとしているわけだ。ところが、お墓というのは御影石《みかげ》とかでできていて、死んだ人の霊体では通り抜けてしまうので、これはおかしい。墓の中に入るのは骨だけなのだ。人間は死んで墓に入るわけではない。

仏壇の位牌《いはい》についても、同様の誤解がある。前に、ご主人を失った後妻さんから聞かされたことがある。

「うちの主人と先妻の二人セットのお墓があって、死んだ後、この中に入っていくのは、本当に気が引けるんですよね。新しく位牌をつくったほうがいいでしょうか」

と。

私は、

「こんな狭い中にお入りにならなくてもいいでしょう。死んで位牌の中に行くんじゃないんです。人間は死んで墓石の中に入るのでも、位牌の中に割って入るのでもありません。霊界に行くんです。だからそういう心配はご無用です」

と答えてさしあげたのだが、多くの人がこれを誤解している。

では、お墓は意味がないのか。ないならば、なぜ墓相学というのがあんなに当たるのか？

墓相学について、私は、意識神通という超能力を使って、お墓に直接聞いてみた。物にも人間や生物と同じく意識があるので、会話が出来るのだ。すると、こういう結論が出てきたのだ。

拙著『神界からの神通力』で、私は「イワシの頭も信心から」について説明したが、

それと同じだということである。例えば、神社もお寺も何もないところで、

「イワシの頭様、本日もありがとうございますだ。おらの家でもイワシ様のおかげで、大勢の人が功徳を賜ったちゅうことを、聞いておりますで……」

と拝んでいると、真心と崇敬する思いというのがイワシの頭霊界をつくって、そこに石清水《いわしみず》八幡宮？　か何かわからないが、やって来る。そして知らない間に、ご神体のようになってしまう。人間の思いによって霊界ができるわけだ。

イワシの頭でもありがたがれば霊界ができるくらいだ。お墓についても霊界ができないはずがない。

お墓の中に入るんだ。お墓がなければ……、子孫が大事にしてくれないと……、皆がお墓が大事だ、お墓は大事だと思い、敬い続けて受け継がれていく。その、お墓は大事だと尊敬する思いに、お墓の霊界ができるのだ。これを墓霊界という。墓石を中心にした霊界ができるわけだ。

イワシの頭に神霊が来るように、お墓の中にも霊界ができる。こうして、一つの家族という霊界の働きの中に、お墓という位置ができるわけだ。そういうわけで、本来ほとんど意味がないはずのお墓が、霊的な意味を持つようになっているわけなのだ。お墓の

人は死後墓に入るのではない！　霊界に行くことを知れ

生成の歴史から分析すると、これが実相である。
では、その墓霊界というものは、家族に対してどんな意味をもたらすのだろうか。

古い墓ほど因縁パワーが強い!

実はお墓には「子孫」という意味がある。だから、代々女の子しか出ないとか、男の子しか生まれないとか、子供がどこか調子が悪いとか、ノイローゼだとかいう場合は、お墓に問題がある場合が多いのだ。

自然石を使っていたり、入り口にタケチャンマンの人形を飾ったり、いろんな飾り物の人形を置いていたり、掛けていたりとか、最近のお墓もいろいろだ。あまり大き過ぎてもご先祖が恥ずかしがるし、小さ過ぎてもいけない。オーソドックスでシンプルなお墓が一番いい。それは墓相学のいうとおりだ。

しかしお墓に、本人のあずかり知らない間に子孫に影響するようなことが出てくるということは、そういう代々のカルマというものが、自然にお墓という形で表現されているからだ。だから、子孫の問題があるときには、一度お墓の形を見てもらうといい。

古いお墓ほど、強く霊力が宿っている。だから、全く新しい、いいところに変わって（嫁いでいったりして）名前が変わったときには、心機一転して、いいお墓をつくった方がいい。ここが先祖代々の墓だと強い念を込めたら、強い霊力が出てくる。

いいものは信じ、悪いところはあまり信じないという具合に思っていけばいい。こちらの心の調節次第で、その霊力（影響力）に大小が出てくるのである。

お墓と墓相学について、霊界法則をもって説明すると、こういうことになる。

仏壇に依る霊は江戸時代以降の先祖だ

仏壇に話を戻そう。

仏壇にいらっしゃるのはご先祖だと皆思っているが、先祖は先祖でも封建時代の古い先祖がほとんどである。ごく新しい昭和三十年代のご先祖というのはあまりいない。

昭和五十年代のご先祖はまずいない（当然である）。若くて大体、大正時代。明治、江戸時代に生まれた人が今、お墓や仏壇にかかるご先祖になっている。

これらのご先祖たちの考え方は、封建時代の考え方だ。親は親たらずとも子は子たれという考え方で、親のエゴイズムを利用して、自分が姑に尽くしたように我々にも尽くしてほしいと霊界から欲求してくる。気持ちはわからないでもないが、

「ご先祖さん、私たちは戦後に生まれた人間で、あんたの言ってることはよくわかりません」

と言ってやることも大切だ。

人々は決して、先祖供養のために生まれて来た訳ではないのである。

彼らの奉じるのは儒教だが、イスラム教にはもっと別な法則がある。インドでも中国でも違う。もっと徹底して言えば、ネアンデルタール人やクロマニヨン人、ピテカントロプスペキネンシス、明石原人、ジャワ原人、三ヶ日原人などの古い方々。彼らは先祖を崇拝していたか。三十三回忌をしていたのか。していない。たまたま明治、江戸の封建時代に育った霊たちが、自分たちの習慣を主張しているに過ぎない。

「ご先祖様がいくら、親は親たらずとも子は子たれと言いましても、私の先祖はクロマニヨン人だと思っています」

と言うと、先祖はシューンとする。

「あなた方は霊界で修業してください。別に、途中で生まれて来た江戸時代の先祖だけ

がご先祖というわけじゃない。もっともっと遠いご先祖、クロマニヨン人を尊敬しなさい。彼らは先祖供養なんて要求しませんよ」

と言うと、仏壇にいるご先祖は小さくなって、もう先祖顔して威張ったりはしなくなるに違いない。

仏壇で幸せになる家、不幸になる家

仏壇を祀るべきケースと、祀るべきではないケースがある

　このように先祖の霊は、子孫に交渉し、要求してくる。祀ってくれ、祀ってくれ、という具合に。

　そこで、仏壇を祀るべきか祀らないべきかの結論になるが、ほとんどが真ん中以上のいいご先祖ばかり持つ人には、先祖はあまり要求してこない。だから、仏壇がなくても全然平気で、普通の生活をしているものだ。

　取りたてて災いもなく、家族みんなが幸せに暮らしているのに、仏壇を祀らなければならないからと祀り始めた途端に、家庭がおかしくなったりする。ようするに、ごく普通に幸せに暮らしているのだったら、もうそれでいいわけだ。

　せっかく分家の方で幸せでいるのに、仏壇を祀りだしたとたんに、本家かどこかにい

た低い先祖霊が訪ねて来て、家がガチャガチャしたりするのだ。

絶えず「助けて助けて」と言う先祖を引っ張り込むことになってしまう。そういう場合は、仏壇を祀らないほうがいい、と私は断言する。今、あなたが幸せならば、それ以上祀る必要はない。

逆に仏壇を祀ったほうがいい場合も、もちろんある。例えばこういう場合だ。

家族関係が始終ゴタゴタして、うまくいかない家がある。長男はいるけれど、何もしない。そういう家では、次男がご先祖の生まれ変わりである場合が多いのだが、その次男が、家を面倒みなければいけないような運気を持っているものだ。

また、長男、次男がいるにも関わらず、どういうわけか三男のところばかりに先祖霊が来て、家の業を背負っているというケースだ。三男にして見れば、何とかしたくなるのが当然だ。

こういう人は、仏壇をお祀りした方がいい。新しく買ってもいいし、長男がいらないと言うならもらってきて、きれいに掃除してもいい。そうすると苦しがっていた霊はそこにおさまる。そうしないと、苦しいものだから背中に憑《つ》いたり、子孫に憑いたりするからだ。

「とりあえず、ここに納まりましょう」

と言ってやると、安らかになる。それでトラブルもなくなる。

本当は、三十年以上地上にウロウロしていることは霊界法則に反している。だが、子孫が先祖に対して供養しようという気持ちを、ある程度神様が酌まれて、お供えをしたら食べ物の精気が霊界へ飛んでいくようにして下さっている。先祖はその食べ物の精気を食べられるわけだ。そういう先祖祀りをすることによって、今、問題がある人は少しでも良くなるのだから、こうした方は祀った方が良い。

真ん中以下のご先祖が多い場合は、せめて仏壇だけでも祀ることで、少しでも自分に来る災いを緩和していこうという、このための仏壇だったら意味もあるのである。

豊かな家に住んでいて、幸せに過ごしているのに、仏壇が要ると聞いて、信心深い性質の人というのは仏壇を持ち、祀る。結果、かえって災いになる。だから、そういう人は無理に祀らなくてもいい。お祀りするのだったら、中途半端ではなくきちっとお祀りしたほうがいい。

また植松先生は、祀らないんだったら祀らないでもいいとおっしゃる。

なぜなら、先祖は全て子孫の血液の中に入っているからである。血液が位牌のような

今、幸せな家庭なら仏壇はいらない

ものだとおっしゃる。しかし、もしお祀りするんだったら、霊界のある程度の方式にのっとったお祀りの仕方を、ちゃんとしたほうがいい。これが仏壇に対する考え方の結論だ。

酒飲みの霊には、お酒を供える

面白いといったら本人には失礼だが、わかりやすい例だから紹介しておこう。

あるご夫婦なのだが、結婚してから、二人とものすごく酒を飲むようになって、一日に一升瓶を一本も二本も空けてしまうという。不経済でかなわない上に、こうなるとアル中だからいろいろ差し支えも出てくる。

どうしてこうなったかというと、夫の家の先祖の中に大酒飲みの霊がいて、酒が飲みたくてしょうがない。それで何かの拍子に、この夫婦にヒョイとかかってしまっていたのだ。結婚式の三三九度を見るか何かで、うらやましかったのかもしれない。それで、このご夫婦にガバガバ飲ませることで、憑いている霊もいっしょに飲み、憂さばらしをしていた、というわけだ。私はこのご夫婦に、仏壇にお酒を一合お供えするように勧めた。すると翌日から、夫婦の大酒がピタッとやんで、元の酒量に戻ったそうだ。これは理屈にかなったことなのだ。

仏壇に供えた一合の酒は、霊界では大きくなって一升にもなる。

「どうぞ、お飲みください」

と。

もらった酒飲み霊は大喜びで、人にかかるのをやめて酒にかかるようになるのだ。実際には一合でも

「どうぞ一升飲んでください」

と言えば一升になる。

霊界では一合のお酒が大きくなるから得をする。このようにお酒が好きな先祖霊がいる場合、お酒をお供えしてあげてもいい。そうすると、酒癖の悪い人の霊がそっちへ行くから、酒で苦しむことはなくなる。

しかしもちろん、問題がない家だったら、無理してお酒を供えたりして祀ることはない。どうすることもできない困ったときの方法として、仏壇を祀ったりお酒を供えたりすることによって、大きな効果を発揮する場合が多いということだ。

仏壇のお供え物十倍化法則

さて、お祀りするんだったら、一日一回、お食事を真心を込めて、小さなご飯でもいいので、お供えするのがよい。

お供え物というのは、見たところは少ない量だけれど、祝詞の中では、

「海川山野のくさぐさものを横山のごとく置きたらわし——」

と言う。

実際お供え物は、海とか川とか山のものがあるとよい。スルメというのは海の物。川魚とかは川。山といえば栗や木の実などで、野菜や果物は野である。これらが海川山野のくさぐさものである。

海のもの、川のもの、山のもの、野のものというのを横山のごとく置く。横たえるぐらいにという想念で差し上げる。実際はお金も大してかけないで、海川山野のくさぐさもの——みりん干しが一切れ、お大根の葉っぱが一切れ、お葱が一個、あとはちりめんじゃこが五切れしかお供えしなかったとしても、

「海川山野のくさぐさものを横山のごとく」

というと、霊界ではグーンと大きくなる。

霊界は想念の世界で大きくも小さくもなるので、せっかく、山盛りに並べても「ほらよ」とかガサツにしてやると、大きなニンジンもマッチ棒ほどに小さくなる。葉っぱもしおれてしまって、神様も受け取られない。だから、仏壇でお供えする時には、どんなささやかなご飯でも、

「どうぞ、横山のごとく」

と言うと、仏壇に入りきらないくらいの量になる。同じ供えるなら、そうしたほうがいい。

そして、あまり長い間置いていると、関係のない浮遊霊が食べに来る。そこで、

「二十分間お供えしますので、その間に、横山のごとくなるご飯をお召し上がりくださいい」と言って、二十分たったらパッとさげる。

「ああ、もうちょっと食べたかったんだけど……」

「もう二十分たちました。だめです」

こうすれば、わりとご先祖に優越感を持てる。こういうふうに食事はお供えしたら良い。

新婚家庭の位牌・仏壇の祀り方

では、結婚して先祖を祀りたい時に、どうしたらいいかということを述べておこう。

夫婦とも信心深いと、仏壇も一つに両家の分、位牌も共同で使う、というように一軒の家の中に仏壇を通して先祖が同居、ということが起こってしまう。

あるいは一つの仏壇の中に、夫と妻の「○○家先祖代々」と「××家先祖代々」の位牌が並んで立つことがある。

結論から言うが、こういうことはしないほうがいい。家の中が非常に混乱することになるからだ。

どういうわけか、夫婦の仲とか、親子の間がガチャガチャして居心地がよくないということになる場合が多い。

なぜそうなるかというと、こう考えると分かりやすい。

例えば、八畳のお部屋に、ご主人がいる、奥様がいるというのはわかる。子供がいる。それまでは良い。ところがそこに、ご主人のおじいさんとおばあさんとおじさんがいて、さらに、奥様のお父さんとお母さんとおじさんがやってきて、同じ八畳の一部屋に住ん

お供え物は、霊界では表現一つで十倍にも百倍にもなる

でいるという場合はどうだろうか。

大体、奥さんの方のおじいさん、おばあさんというのは大正、明治、江戸の方だから
「どうも、娘がお世話になっておりまして」

「いやあ、狭いところで、もう本当に……」

「どうぞ、お互い親戚ですので、どうぞどうぞ」

「いやあ、本当に、お世話になりまして」

「どうぞどうぞ。わしらも嫁の立場でございますので」

ということになる。

八畳でも六畳でも同じだが、一部屋の中に奥様のご実家の親戚がいると、この人たちは非常に気を使うことになる。そう、一度現実にやってみればすぐにわかることである。

例えばここに、ご主人の奥さんのおばさんなどが住み始めたら、もう遠慮して遠慮してどうしようもない。さらにおじさん同士となれば、お互いに遠慮しすぎて気まずいことになる。

位牌は小さいから、生きている人から見れば二つ並んでいてもどうということはないが、霊的関係としては、このような状態が起こってしまうことになるのだ。

こうしたご先祖様の霊同士の感情が、やはり子孫に影響して、何か居心地が悪くて、しっくりこないということになる。それは、家庭運の背景になる先祖の霊が、居心地が悪い思いをしているからだ。

「お前、何とかしてくれよ。申し訳ないし」

ということで、居心地が悪いのを奥さんの先祖は奥さんの方に知らせる。ご主人の先祖も、ご主人に

「おまえ、これ何とかしろよ」

なんて言う。

ご先祖様の居心地が悪いという感情が現世の人々に伝わって、なんかしっくりこない……と、こういう関係になってしまう。

はっきり言うが、結婚したら、こういうことは絶対にしないほうがいい。家族もうまくいかないし、ご先祖様も非常にやりづらい。

結婚したら夫の方の先祖だけ祀れ

本来、結婚したら、ご主人の方のご先祖様代々だけをお祀りするべきなのだ。例えば、ご主人が次男だったら、長男がきちっと祀っていたらそれでいい。そうではない場合には、次男であっても祀ってあげればいい。仏壇は何箇所にあっても構わないのだ。

また位牌を置くことによって、先祖霊を人の体につかせない効果が得られる。これは先祖に罪つくりをさせない功徳でもあるし、ご長男がいたとしても、位牌は次男が祀ってもいい。どこへつくかはご先祖の自由だから、来る余地を残してあげたほうがいい。そして、夫の直系だけをお祀りして、奥様のほうはお祀りしないというのが原則だ。

それでも奥さんの実家の方が、他に誰もお祀りする人がいないという場合は、どうしたらいいか。

そういう場合は、仏壇を別にして、やや小さめの仏壇の方に奥様の実家を置く。できたら別のお部屋に、小さめの仏壇を置いておく。奥様の方なので、小さめにして控えめに設けると、まあまあ落ちつくのである。

男女平等が通用しない先祖の霊界の悪影響――妻の家系だけしか祀らないと……

例えば、ご主人が次男で、奥様が一人っ子で、他に兄弟がいない、という場合を考えてみよう。実際に時々ある。

そのような場合に、ご主人の仏壇を全然祀らないで、奥様のだけをお祀りしているという場合である。

結論を言えば、これは完璧に奥様上位で、旦那様が全然ふがいなくなってしまって、いるのかいないのか分からないような夫になってしまう。

奥様方のご先祖は、お部屋の中に山ほどいるが、ご主人の方は、何とか守護霊だけでもっているという感じになる。それで元々か弱いご主人が、家では、

「あの、おみそ汁……、あの、なくてもいいです」

で、社員食堂で何とか食いつないでいるといった感じになってしまう。これでは仕事もうまくいかない。奥様だけがすごく頑張っている、という家は、大抵こうなっている。

「ひょっとして、仏壇は奥様の仏壇だけで、ご主人のは……」

「ええ、私は、もう昔から母が信心深いものですから、仏壇はちゃんとお祀りしていま

す」

「ご主人は？」

「主人は次男ですから、ございません」

やっぱりなあ。

やはり今のようなケースなら、ご主人が次男であっても、男性（主人）のご先祖様をちゃんとお祀りするのがいい。そして、奥様の方も、跡をとる人がいなくて絶家になるよりはましであるから、小さめの仏壇にする方がいいのである。

男女平等に反すると思う方もあるだろうが、大体ご先祖様というのは封建時代にいた方々。その、ご先祖様の感情が現世に生きる子孫を、特に仏壇を祀っている人々の心を左右するのだから、逆らわずに小さめの仏壇にし、お部屋を別にする。こうすると、頼りがいのあるご主人にもどってくれる。

小さめといっても、ほんの少し小さいだけでいいのだから、不平等が好きなご先祖様たちだな、しょうがないな、とあきらめて、生きている夫婦は平等に仲良くしていればいいのである。

妻の家系の仏壇だけ祀ると、夫が尻にしかれる

仏壇は明るく、お地蔵さんのお供えも二〇分がいい

仏壇は暗い方がいいか、明るい方がいいか?

交霊実験では暗闇のほうがよく霊が出るというから、ご先祖が出やすくするために仏壇を暗くしている、なんていう人が過去にいて驚いたことがある。

オカルトごっこをやりたい人なら別だが、暗くしたら浮遊霊や邪気しか来ない。ご先祖様を喜ばせたければ、うんと明るくしてあげるといい。

また、よくお地蔵様にお供え物を供える人がいるが、ほとんど供えっぱなしにしているようだ。

大体、お地蔵様におにぎりを出して、二十分で下げたという人は見たことがない。だから、いろんな浮遊霊が次々に来る。それだけではなく霊眼でみてみると、動物の浮遊霊とか、死んだ犬の霊などがお地蔵さんの周りでうようよしている。そんな場所とは知らず、敬虔な人が「お地蔵さん、お地蔵さん」とお願いすると、その人に浮遊霊たちが憑《つ》く。これがお地蔵さんの石像による浮遊霊の付着方式だ。どこからお地蔵さんに霊が集まってくることになったかといったら、お供え物をそのままに置いていることから、

邪霊集合霊界が出来上がったのだ。

こういうお供えも、善意でしたことでも結果は良くないということである。仏壇のお供えと同じで、二十分で下げるのが鉄則ということだ。

これが、どちらも浮遊霊や邪気を呼びこまないための方法であるし、ご先祖やお地蔵様へのマナーでもある。

先祖霊はパッケージを食べるんじゃない

それから、故人がバタープリッツが好きだったというので（ビスコでもいいが）、お供えする人の場合。

それも、ちゃんとビニールに包んであったり、バタープリッツだと箱詰めだったり、あるいは銀紙で包んだりしている。桃などの場合、包装紙に包まれているのをそのままお供えしたりする。

見た人は、きれいな感じで箱に入っている方が満足するだろうが、ご先祖様は箱を食べるわけではない。果物も皮を全部むいて、すぐ食べられるという状態にしてお供えするほうがいいのだ。バタープリッツも、箱をとってまとめて置くか、生け花のようにして立てるか、お線香のように立てるかして、すぐ食べられる状態にして供えてあげると、ご先祖様はその精気を食べることが出来る。

果物とかご飯、特に箱入りのお菓子の場合など、全部むいて出してあげたい。その方がご先祖様は喜ぶ。ちょっとしたことだが、随分違うものなのだ。

せっかく供養をするのなら、その程度の手間は惜しまないことだ。

お盆に禁酒を守り通す法

酒好きな先祖の話は前にふれたが、大体、人の禁酒の誓いが破れるのはお盆か、ある人の命日の前後だ。

酒好きの霊が現世に接近して、これはと思う人間に飲まそうとするのだ（酒好きの霊が、人に酒を誘いかけると、飲みたくて飲みたくてしょうがなくなる）。しかし、この法則がわかると対応策も立つ。

もうそろそろ霊が来るなと思ったら、対応策で、越《こし》の寒梅大吟醸《かんばいだいぎんじょう》、石川県は菊姫大《きくひめだい》吟醸《ぎんじょう》といった特級品で、防腐剤が入っていない、地酒を並べてお供えする。やってきた霊が恍惚として供えたお酒を飲んでいるので、こちらはお酒を飲まなくて済む。

こうすることによって禁酒も守れるし（本当に守りたければの話だが）、霊にも喜んでいただける。

禁煙を成功させる法

同様に、禁煙している人は、仏壇のヘビースモーカーの先祖にタバコに火をつけてお供えしてあげるとよい。

こうすることで、どうしてもやめられなかったヘビースモーカーの人もピタッ！　とタバコの欲求がおさまるのだ。

タバコをどうしてもやめたいという人は、是非一度やってみられるとよい。

お盆、命日の供養は中有界以下の霊に効果

ご先祖でお酒の好きな人は、お供え物をしてあげると非常に喜ぶわけだが、これも低いランクの霊に対してのこと。というのは、霊界のいいランクにいる霊、例えば、中有界の上部とか天国界に行っている霊だと、お酒がほしいなと思ったら、「はい」と、お酒がパッと出てくる。果物がほしいなと思うと、「はい、果物」と出て来る。ほしいものは即実現するという幸せな霊界に住んでいるからだ。要するにお供え物など全く必要ないのである。

で、反対に、低い霊界にいる、例えば餓鬼道にいる霊などは、目前にお供えしたものがあっても、「あっ、果物だ」と、食べようと思ったら、パッと消えてしまう。「あっ、おにぎりだ」と思って手を伸ばすと、パッと消えてしまう。だから余計に苦しい。目の前まで来てなくなるのだから。

こういう餓鬼霊が憑《つ》いている人の現実の生活は、もう入金が近いと思っても、入る直前に何かのトラブルでお金が入らなくなるとか、目の前にいい仕事があるのだけれど、パッと消えてまた仕事が駄目になったというようなことになる。

なかったらなかったであきらめがつくのだが、もう少しで手に入るというところで、何故かいつもパッと消えていく、という悔しい思いをする人は、やはり餓鬼道のシステムがそのまま現実界に出ているからである。

但し、お盆の時に、地獄の方から一時許されて帰ってきた霊に対して、神仏にちゃんとことわけて（特別に申し上げて）お供え物を供えると、食べられる。

また中有霊界の上のほうに行く人は、お供え物をしても、「ありがとう」と、お供えする真心と果物の精気をパッと自由に食べられるが、霊層が低くて苦しんでいる霊たちは、例えばお酒を供養しても、霊界で飲む事ができないのでそのままではおあずけになってしまう可能性もある。そこでお盆の時などは、

「神様、仏様、どうか霊界で苦しむ先祖霊や、食べたり飲んだりできない祖霊たちに、今回は、お供え物をどうぞ与えてあげて下さい、お願いします！」

と、ことわけて（特別に申し上げて）お供えをすれば、霊はお供え物をお腹いっぱい食べられるので、非常に喜ぶわけだ。

だから、お酒が好きなおじいさんで、女遊びもよくやっていたな、死んだ時に、あんまり幸せという死に方じゃなかったな……、多分中有霊界の真ん中以下だろうなと、あ

る程度、予想が立つような人の命日には、ことわけてお酒をお供えした方がいいのである。

神棚は上に、仏壇は下に置く

信心深い方は神棚と仏壇の両方お祀りしておられる。

そういう場合、例えば、神棚が横にあって、仏壇がそばというケースがある。また、文化住宅なので、仏壇が上で、神棚が下にあるという場合がある。これは良くない。そういう場合、順序が違うので、ご先祖様は非常に苦しくて、子孫が病気をしたりすることになる。

「先生、ちゃんとお祀りしているんですけれども」

「どういうふうにお祀りしているの」

「神棚も規定通りに、ちゃんと正式にお祀りしているんですけど……子供が病弱で……」

よく聞いてみたら、神棚が下で、仏壇が上だったというのだ。これでは順序が違う。

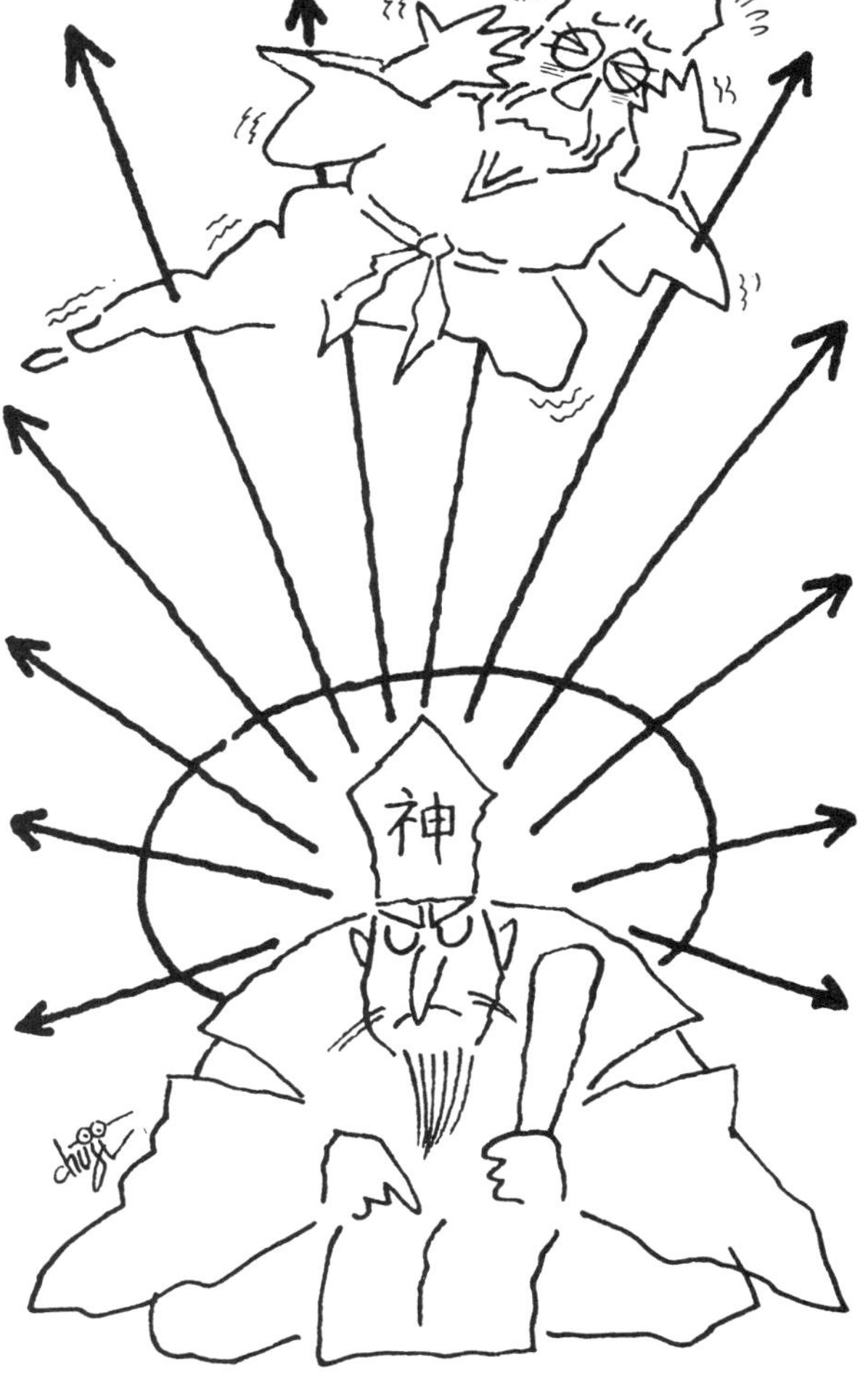

神棚は上、仏壇は下に置くのが大原則

神霊の光がまぶしいからなんとかしてくれ、とご先祖様が非常に苦しんで訴えていた、ということがあった。

そんな場合は、神棚はどこか別な部屋にして高いところに置き、仏壇はやや低めに置くというのが順序だ。

神道も日蓮宗も浄土真宗も位牌《いはい》は祀るべきだ

ところで最後に、宗派によっては仏壇や位牌を祀らないところもあるが、それは神霊的にみてどうか、ということについて述べてみたいと思う。

日蓮宗も日蓮上人はすばらしいし、阿弥陀如来様もすばらしい。浄土真宗の親鸞上人もすばらしいのだが、それぞれの死者に対しての考え方、やり方があってわかりづらい。実際の霊界の実相を見ていると、日蓮宗のほうは曼陀羅があって、位牌がない。

それから、「南無阿弥陀仏」を唱える浄土宗、浄土真宗のほうも、阿弥陀如来様があって、過去帳があるだけで、位牌がない。中には位牌がある人もいるが、一般的な方式は、浄土宗、浄土真宗は位牌がない。阿弥陀如来様と過去帳だけだ。

だからお盆には、浄土宗や浄土真宗を信仰している家の先祖は、霊の受け入れ器がないのでかかりづらい。死んだ人が、まさに阿弥陀浄土に完璧に阿弥陀信仰を持って行っている場合はいいが、そうではない親戚の霊がお祀りされると、どこへ行って良いかわからないわけだ。当然である。正しい阿弥陀信仰がないのだから。

同様に、日蓮宗の人も、浄土宗、浄土真宗の人も、生前、全部が熱心な信者だったわけではないということで、位牌を設けて、基本的な仏壇にしておく方が霊界はきれいに納まるのではないか、というのが私の結論である。

つまり、神道、日蓮宗、浄土宗、浄土真宗それぞれがすばらしい教えであることを重々承知した上で、悟りもなく下の方でブラブラしているような先祖霊を何とか供養してあげるためには、やはり位牌は置いてあった方が良い。それがお祀りの基礎中の基礎だ、ということを理解して、実践していただきたいと思う。

おわりに

霊界は、よく知らないまま面白半分で手をつけると危ないものである反面、正しい知識と活用法を知れば、信じられないぐらいの大成功や繁栄、そして幸運を得られるものである。

神仏は、あなたに存在を気付いてほしいと思っているし、大いにあなたを幸せにしたいと願っている。世の中の何パーセントの人が、十分にその神霊の力を活用しているだろうか。

神霊から神徳を引き出し、願わくば、それを世の為に大いに役立ててほしいと私は願っている。

読者の皆様が、本書から、幾つもの人生のヒントを掴み取って下されば著者としてこれに勝る幸せはない。皆様の幸運を心から祈って本書を終了したい。

深見東州氏の活動についてのお問い合わせは、下記までお願いいたします。
また、無料パンフレット（郵送料も無料）が請求できます。ご利用ください。

お問い合わせ　フリーダイヤル
0120-507-837

◎ワールドメイト

東京本部	TEL 03-3247-6781
関西本部	TEL 0797-31-5662
札幌	TEL 011-864-9522
仙台	TEL 022-722-8671
名古屋	TEL 052-973-9078
岐阜	TEL 058-212-3061
大阪（心斎橋）	TEL 06-6241-8113
大阪（森の宮）	TEL 06-6966-9818
高松	TEL 087-831-4131
福岡	TEL 092-474-0208

◎ホームページ
https://www.worldmate.or.jp

深見東州
(ふかみ とうしゅう)
プロフィール

本名、半田晴久。別名 戸渡阿見《ととあみ》。1951年に、甲子園球場近くで生まれる。㈱菱法律・経済・政治研究所所長。宗教法人ワールドメイト責任役員代表。

著作は、193万部を突破した『強運』をはじめ、ビジネス書や画集、文芸書やネアカ・スピリチュアル本を含め、320冊を越える。CDは112本、DVDは45本、書画は3723点。テレビやラジオの、コメンテーターとしても知られる。

その他、スポーツ、芸術、福祉、宗教、文芸、経営、教育、サミット開催など、活動は多岐にわたる。それで、「現代のルネッサンスマン」と呼ばれる。しかし、これらの活動目的は、「人々を幸せにし、より良くし、社会をより良くする」ことである。それ以外になく、それを死ぬまで続けるだけである。

海外では、「相撲以外は何でもできる日本人」と、紹介される事がある。しかし、本人は「明るく、楽しく、面白い日本人」でいいと思っている。

(2025年5月現在)

この世とあの世

2000年 3月30日 初版第1刷発行　　定価はカバーに記載しています。
2025年 7月 7日 第18刷発行

著　者　深見東州
発行人　杉田百帆
発行所　株式会社 TTJ・たちばな出版
〒167-0053 東京都杉並区西荻南 2-20-9 たちばな出版ビル
TEL 03-5941-2341（代）
FAX 03-5941-2348
ホームページ https://www.tachibana-inc.co.jp/
印刷・製本　萩原印刷株式会社

ISBN978-4-8133-1195-9

スーパー開運シリーズ

各定価（本体1000円＋税）

●193万部突破のミラクル開運書―ツキを呼び込む四原則

強運　深見東州

あなたの運がどんどんよくなる！

仕事運、健康運、金銭運、恋愛運、学問運が爆発的に開ける。神界ロゴマーク22個を収録！

●85万部突破の金運の開運書。金運を呼ぶ秘伝公開！

大金運　深見東州

あなたを成功させる、金運が爆発的に開けるノウハウ満載！「金運を呼ぶ絵」付き!!

●40万部突破。ついに明かされた神霊界の真の姿！

神界からの神通力　深見東州

不運の原因を根本から明かした大ヒット作。
これほど詳しく霊界を解いた本はない。

●30万部突破。現実界を支配する法則をつかむ

神霊界　深見東州

人生の本義とは何か。
霊界を把握し、真に強運になるための奥義の根本を伝授。

●41万部突破。あなた自身の幸せを呼ぶ天運招来の極意

大天運　深見東州

今まで誰も明かさなかった幸せの法則。
最高の幸運を手にする大原則とは！

●29万部突破。守護霊を味方にすれば、爆発的に運がひらける！

大創運

深見東州

神霊界の法則を知れば、あなたも自分で運を創ることができる。ビジネス、健康、受験、豊かな生活など項目別テクニックで幸せをつかもう。

●47万部突破。瞬間に開運できる！　運勢が変わる！

大除霊

深見東州

まったく新しい運命強化法！　マイナス霊をとりはらえば、あしたからラッキーの連続！

●61万部突破。あなたを強運にする！　良縁を呼び込む！

恋の守護霊

深見東州

恋愛運、結婚運、家庭運が、爆発的に開ける！「恋したい人」に贈る一冊。

●46万部突破。史上最強の運命術

絶対運

深見東州

他力と自力をどう融合させるか、究極の強運を獲得する方法を詳しく説いた、運命術の最高峰！

●46万部突破。必ず願いがかなう神社参りの極意

神社で奇跡の開運

深見東州

あらゆる願いごとは、この神社でかなう！　神だのみの秘伝満載！　神社和歌、開運守護絵馬付き。

●スーパー開運シリーズ　新装版

運命とは、変えられるものです！

深見東州

運命の本質とメカニズムを明らかにし、ゆきづまっているあなたを急速な開運に導く！

深見東州　ベストセラーシリーズ

●幸運を呼ぶ驚くばかりの秘伝満載

宇宙からの強運　新装版

幸運な自分に変えられる方法を明かした、
開運書の決定版！

定価（本体1000円＋税）

●とにかく運がよくなる、奇跡の本

どこまでも強運

恋も仕事もスイスイうまくいく大開運法を
公開。どこまでも強運になる神符付き。

定価（本体1000円＋税）

●あらゆる悩み相談を受けてきた著者が贈る！
人間関係から仕事、恋愛まで、人生を幸せに生きるためのヒントを満載

たちまち晴れるその悩み！vol.1　新装版

定価（本体1000円＋税）

たちまち晴れるその悩み！vol.2　新装版

定価（本体1000円＋税）

●吾輩は「霊」である！

この世とあの世

霊界や先祖のことをもっと知るべきである。
結婚運、大金運、出世運など、開運の糸口
がそこにはたくさんある。

定価（本体1000円＋税）

●究極の縁結び、良縁を呼ぶ極意とは？

こんな恋愛論もある　新装版

どんな恋だって結婚生活だってうまくいく、上手な恋愛成功法をたっぷり伝授する、ユニークな恋愛論

定価（本体1000円＋税）

●ドンドン若返るこんな素敵な生き方があった！

五十すぎたら読む本　新装版

今解き明かされる若さと老いの秘密。心も魂も若返る奇跡の本！

定価（本体1000円＋税）

●母親としての最高の生き方がわかる

こどもを持ったら読む本　新装版

母親の立場、妻としてのありかた、そして女性としての幸せな生き方がこの一冊でわかる！

定価（本体1000円＋税）

●「週刊ポスト」「女性セブン」で連載された

3分で心が晴れる本　新装版

恋愛、結婚、仕事、人間関係あらゆる解決の糸口がここに！

定価（本体1000円＋税）

●恋愛から先祖供養まで

よく分かる霊界常識　新装版

もっとラッキーになりたいあなたのための、とっておきの霊界Q＆A。霊界常識を身につければ恐いものはない！

定価（本体1000円＋税）

深見東州　ベストセラーシリーズ

●劇的に人生を切り開く法

自分を変えれば未来が変わる

観念を破って、自分を変える効果的方法が明かされる。

定価（本体1000円＋税）

●いつでも元気でいられる！　心の免疫力強化法

自分でできる悪霊退散　新装版

悪霊に打ち勝つ心と魂の免疫力で、強運人生を行こう。周囲にいる悪霊を寄せつけず、生きていく方策を紹介した開運書。

定価（本体1000円＋税）

●涙と笑いと驚きの人生成就論

心の金しばりがとける本

肉体・精神・人生の「金しばり」状態を乗り越え、幸福を手に入れるためのヒントを紹介。

定価（本体1000円＋税）

●あなたは常に守られている！

背後霊入門　新装版

背後霊のことから霊界知識までもが満載の充実の一冊。

定価（本体1000円＋税）

●瞬間に悩みが消える本

解決策 新装版

乗り越えられなかったあなたの悩み事を、神道禅が一刀両断に断ち切る。

定価（本体1000円＋税）

●どうしたら幸せになるのか？

あなたのしらない幸福論 新装版

善と悪、親と子、愛と憎しみなどさまざまな角度から人生が見えてくる一冊。

定価（本体1000円＋税）

●歌の調べに魂が宿る

勇気が出る東州道歌

道歌とは、芸術である短歌とは違って禅僧が悟りや修業の要点を詠むもの。勇気と元気がわいてくる85の道歌を紹介。

定価（本体1200円＋税）

●格調高い言葉と映像で綴る

死ぬ十五分前に読む本

肉体には生死がある。人間が物質現象の一つである限り、死は避けられない。未経験の死に対する不安を解消する書。

定価（本体1456円＋税）